國立臺灣師範大學
歷 史 學 系　專刊（43）

存史與失節
危素歷史評價探析

莊郁麟　著

本書承蒙
郭廷以先生獎學金補助出版
特此致謝

▊ 出版緣起

　　本系出版「國立臺灣師範大學歷史研究所專刊」，迄今已有三十七種。一九七七年二月，張朋園教授接掌所務，為鼓勵研究生撰寫優良史學論文，特擬訂學位論文出版計畫。當時，亦將本系碩士論文榮獲「嘉新水泥文化基金會」、「中國學術著作獎助委員會」等機構獎助出版者列入，即「專刊」第（1）、第（3）、第（5）等三種。迨「郭廷以先生獎學金」成立，由獎學金監督委員會研議辦法，作為補助出版學位論文之用，「專刊」遂得持續出版。

　　郭廷以先生，字量宇，一九〇四年生，一九二六年畢業於東南大學文理科歷史系，曾在國內、外知名大學講學；自一九四九年起，至本系執教。一九五五年至一九七一年，擔任中央研究院近代史研究所籌備處主任及所長，並於一九五九年至一九六二年，兼任本校文學院院長。一九六八年，當選中央研究院院士，是深具國際學術影響力的學者。

　　一九七五年九月，　先生在美病逝。李國祁教授感念　先生的學術貢獻，邀集本校史地系系友籌組基金，在本系設置「郭廷

以先生獎學金」，於一九七七年十月開始頒授獎學金。獎學金設監督委員會，由中央研究院近代史研究所研究員和本系教師共同組成，每年遴選優秀學位論文，補助印製「專刊」經費。三十多年來，本系研究生無不以獲得「郭廷以先生獎學金」獎勵，並以「專刊」名義出版畢業論文，為最高榮譽。

「專刊」向由本系刊行，寄贈國內、外學術機構和圖書館，頗受學界肯定，惟印刷數量有限，坊間不易得見，殊為可惜。經本屆獎學金監督委員會議決，商請秀威資訊科技公司印製發行，以廣流傳，期能為促進學術交流略盡棉薄之力。

今年，適值郭廷以先生逝世四十周年，「專刊」以新的型態再出發，可謂別具意義。謹識緣起，以資紀念。

國立臺灣師範大學歷史學系
二〇一五年九月

▊ 序

　　一九八〇年代以來，學者持續關注易代之際士人政治抉擇的課題，相關研究成果豐碩，其中尤以明清之際的論述最受矚目。文史學界對明亡以後漢族士人的生死兩難、出處憂懼、遺民生活，以至思想心態，各有深入論說，既開拓了明清之際士大夫研究的新面向，也為明末清初的政治史擴展了新視野，成果粲然可觀。

　　相較於明清之際研究的關注，「由夷入夏」的元明之際，論述則略顯不足。錢穆晚年在〈讀明初開國諸臣詩文集〉文中抉發明初漢人夷夏觀念之淡薄，慨嘆「明祖以平民崛起為天子，為漢高以下所僅有，讀史者豈不曰驅除胡虜，重光中華，其在當時，上下歡欣鼓舞之情當如何？而夷考其實，當時群士大夫之心情，乃及一時從龍佐命諸名臣，其內心所蘊，乃有大不如後人讀史者之所想像。」而所謂「後人讀史者之所想像」實與元明革命性質的慣常理解有關。劉浦江論〈元明革命的民族主義想像〉，指出元明鼎革的性質主要是政治革命和社會革命，並非後人理解的民族革命。明中葉以後，在長期面臨「北虜」為患的時代背景下，

元明鼎革的歷史記憶被重新喚起，並被解讀為一場「驅逐胡虜，恢復中華」的民族革命。同時明人對元朝正統地位的評價，也經歷了一個從肯定到否定的轉變過程。清末反滿的時代氛圍，使元明易代呈現出更加濃厚的民族革命色彩。可見讀史者的歷史理解實與時代變遷環環相扣，因此，易代之際士人的書寫，亦隨時代流轉而有不同。元末明初人物研究之所以更顯不易，除了受限於史料不足，讀史者身陷此層民族主義想像之迷霧而不自覺，亦為一大關鍵。

　　本書以元明之際的江西士人危素（1303-1372）為核心，透過明中葉以後危素事蹟的相關記載，從政治脈絡及時代思想分析危氏不同評價的形成及其變化。作者從跨越四百多年的零散史料中披沙揀金，其主要目的既不在考述真偽，亦無意翻案辨誣，而是以史學思想史為分析工具，由小見大，考察元明易代人物書寫型態的流移轉變。作者從清遺民劉聲木（1876-1959）與史家陳寅恪（1890-1969）對危素的不同評論切入，論證重心置於前者評「失節」與後者論「存史」兩種評價的考索分析，而以危素的易代出處及貶謫故事為兩大主軸。本書指出，危素身後四百多年間的出處評價呈現從「多元」轉向「單一」的發展，而謫守余闕廟故事的流傳則有從「顯忠」到「懲惡」的變化。至清高宗敕纂《續通志》，危素被收入〈貳臣傳〉，「失節」評價至此定調。

　　本書作者從散見於不同時代的危素敘事中抽絲剝繭，對時代氛圍與危素評價的變化進行長時段的考析，其撥雲見日、鉤沉發

微之功，值得肯定。唯書中對危素相關史料在明清著作流傳中的定位未見深論，仍不無論述不足之憾，而以「存史」與「失節」為兩大主軸析論危素評價的轉變，似亦有進一步討論的空間。誠如蕭啟慶指出，元明易代之際，決定士人政治抉擇的主要因素是「君臣大義」，而非「夷夏之辨」。後世論易代士人之氣節，執著於「君臣大義」者，每以身仕兩朝為「失節」，而強調「夷夏之辨」的文化民族主義者，「存史」往往是「失節」者苟活不死或出仕新朝的合理化詮釋，從這個角度看，「存史」實又為「失節」的一種述說，而非截然二分的易代人物類型。其中曲微關節，倘能進一步深入考掘分疏，本書論述或將更為周全。

　　本書係由作者二〇一六年碩士學位論文修訂而成，並榮獲郭廷以先生獎學金獎助出版。欣聞本書即將付梓，謹此推介，並請學者專家惠予指正。

林麗月

誌於臺灣師範大學歷史學系

二〇二〇年八月

目次 contents

圖表目次

第一章
緒論

一、研究背景與目的

　　危素，字太樸，生於元大德七年（1303）江西省撫州路金
谿縣，年約四十，受薦為經筵檢討，又參與編修宋遼金三史，[1]
名列〈進宋史表〉。[2]至正二十四年（1364），危素出為嶺北行
省左丞，隔年棄官隱居。至正二十八年（1368），明軍攻入大都
城，元順帝北奔，淮王帖木兒不花監國，危素受召，任翰林學士
承旨。

　　據宋濂〈故翰林侍講學士中順大夫知制誥同脩國史危公新
墓碑銘〉（以下稱〈新墓碑銘〉）載，危素復官僅約一日，徐達
（1332-1385）攻入大都。此際，危素赴報恩寺，欲跳井殉國，

---

[1]　宋濂，《宋文憲公全集・芝園後集》（收入四部備要，第八十二冊，上海：中華
　　書局，1989年影印本），卷二十七，〈故翰林侍講學士中順大夫知制誥同脩國史
　　危公新墓碑銘〉，頁327。
[2]　脫脫，《宋史》（北京：中華書局，1974年，中華書局點校本），附錄，〈進宋
　　史表〉，頁14254、14258。

寺僧大梓與徐彥禮大喊說：「公毋死！公毋死！公不祿食四年矣，非居位比，且國史非公莫知，公死是死國之史也！」將危素及時力挽出井。之後，危素前往史庫，請鎮撫吳勉將《元實錄》取出。洪武二年（1369），明太祖授其為翰林侍講學士。[3]

在危素經歷中，最受人議論之處，在於仕宦元、明二朝。無論危素是否意識到，在「忠」觀念之下，仕宦二朝會遭到後世非議，僅就宋濂記載，便可感受後世歷史評價不易。因此，危素雖存於元末明初，然其聲名流傳數百年，逐漸融會「存史」、「失節」歷史評價。

二十世紀以後，歷史學逐漸「科學化」，危素不僅為巷議談資，更進入學術殿堂。可惜的是，元末明初史料缺乏，無法完整還原史實。百餘年來危素相關論述，皆以斷簡殘篇為基礎。有關危素的研究，我們很難再問「是否真有存史、失節行為」，而是探究「為什麼」有存史、失節的歷史評價。

後現代思潮影響，新論述策略產生，我們運用史料的方式也有所改變。大致來說，即是分析史料論述脈絡，置於時代背景，非僅藉以證實真偽。針對危素「存史」、「失節」進行微觀追索同時，也對比史料寫作立場差異。有關兩種評價探析，讓我們「由進而遠」，從史學大家陳寅恪（1890-1969）與清遺民劉聲木（1878-1959）文章段落出發。

3　宋濂，《宋文憲公全集・芝園後集》，卷二十七，〈故翰林侍講學士中順大夫知制誥同脩國史危公新墓碑銘〉，頁327。

關於「存史」，可由陳寅恪〈吾國學術之現狀及清華之職責〉觀察。此文發表於民國二十年（1931），適逢中國清華大學建校二十週年。他說：

東洲鄰國以三十年來學術銳進之故，其關於吾國歷史之著作，非復國人所能追步。昔元裕之、危太樸、錢受之、萬季野諸人，其品格之隆汙，學術之歧異，不可以一概論；然其心意中有一共同觀念，即國可亡，而史不可滅。[4]

陳寅恪認為，與日本相較，中國人的「國史」研究仍相形見絀，因此呼籲研究者應有「國可亡，而史不可滅」的觀念，就如元好問（1190-1257）、[5]危素（太樸，1303-1372）、錢謙益（受之，1582-1664）、[6]萬斯同（季野，1638-1702）[7]等人為「存史」所付出的心力。

4　陳寅恪，〈吾國學術之現狀及清華之職責〉，文收氏著，《金明館叢稿二編》（北京：三聯書店，2001年），頁361-362。

5　元好問，字欲之，金亡後不仕，專心著述，曾言：「不可令一代之跡泯而不傳」，名為「野史」，元廷編纂《金史》多以其著作為本。詳參：脫脫，《金史》（北京：中華書局，1975年），卷126，頁2742-2743。

6　錢謙益，字受之，撰述包含詩文相關的《初學集》、《有學集》及《列朝詩集》，亦擴及《太祖實錄辯證》、《開國群雄事略》等明朝相關史著。乾隆朝編纂《欽定國史貳臣表傳》時，其被收入評價較差的乙編。詳參：莊吉發，〈清高宗禁燬錢謙益著述考〉，《清史論集（三）》（台北：文史哲出版社，1997年），頁175-198。

7　萬斯同，字季野，於康熙朝修《明史》時，以「布衣參史局，不署銜、不受奉」，而史稿多由其審閱。詳參：全祖望，《全祖望集匯校集注》（上海：上海古籍出版社，2000年），鮚埼亭集卷第二十二，〈萬貞文先生傳〉，頁519。

關於「失節」，可從清遺民劉聲木〈危素失節見辱〉瞭解。他批評：

> 危素由元降明，備受明太祖之恥辱，復遭《四庫全書提要》之掊擊。本屬高才博學，久負盛名，足以垂名後世，轉因此自貶身價，殊不值得。[8]

劉聲木指出，危素受明太祖羞辱，又遭《四庫提要》批評。出仕二朝不僅大節有虧，更招致非議，且懊悔無及，就如明清之際的龔鼎孳（1615-1673）、[9]錢謙益（1582-1664）、吳偉業（1609-1671）。[10]另外，劉聲木讚揚顧炎武（1613-1682）的忠於故國，又自認處境正如顧炎武〈悼亡詩〉所言：「地下相煩告公姥，遺

8　劉聲木撰，劉篤齡校，《萇楚齋隨筆・續筆・三筆・四筆・五筆》（北京：中華書局，1998年），四筆卷四，〈明危素失節見辱〉，頁752-753。以下簡為《萇楚齋隨筆》、《萇楚齋續筆》等。

9　龔鼎孳，字孝升，崇禎七年（1634）進士，授兵科給事中，崇禎十六年（1643）因事降職。隔年，龔鼎孳降李自成，並為其巡視北城。不久，多爾袞（1612-1650）陷北京，龔鼎孳再降，歷任吏科右給事中、左都御史等職。順治十二年（1655）到順治十八年（1661）間，官職連降十四級。康熙元年（1662）遷左都御史，官至禮部尚書，康熙十三年（1674）卒，諡端毅。乾隆時，清高宗詔削龔鼎孳諡，將其編入《貳臣傳》乙編。詳參：不著編纂人，王鐘翰點校，《清史列傳》（北京：中華書局，1987年），卷79，〈貳臣傳乙・龔鼎孳〉，頁6593-6594。

10　吳偉業，字駿公，號梅村，崇禎四年（1631）進士，曾短暫出仕弘光朝。順治九年（1652）受薦為秘書院侍講，後於順治十三年（1656）任國子監祭酒。隔年，母喪返鄉，將「仕清」視為生平憾事，又遭唱伶譏諷「姓朱的有甚虧負你」。詳參：趙爾巽等撰，《清史稿》（北京：中華書局，1977年），列傳271卷，〈文苑一・吳偉業〉，頁13325-13326。徐珂，《清稗類鈔》（台北：台灣商務印書館，1983年），譏諷類，〈姓朱的有甚虧負你〉，頁1542。

民猶有一人存」。[11]由此可見，劉聲木透過顧炎武與危素在「新朝」的出處，凸顯忠於故國的必要與其志向。

為了補足危素「失節」論述，劉聲木特別摘錄陸容（1436-1494）[12]《菽園雜記》的段落。據載：

> 高皇一日遣小內使至翰林，看何人在院。時危素太樸當直，對內使云：「老臣危素。」內使覆命，上默然。翌日傳旨：「令素余闕廟燒香。」蓋余、危皆元臣，余為元死節，蓋厭其自稱老臣，故以愧之。[13]

此段落提到的「余闕廟」，據《明太祖實錄》載，吳元年（1367）為余闕「建祠肖像，歲時祀之」。[14]余闕為唐兀人，元惠宗元統元年（1333）進士，與危素同修《宋史》，[15]後以淮南行省左丞守安慶，至正十八年（1358）城破殉國。[16]實際上，

---

[11] 劉聲木撰，劉篤齡校，《萇楚齋三筆》，卷一，〈顧炎武悼亡詩〉，頁488。

[12] 陸容，字文量，蘇州太倉人，成化年間進士，官至浙江右參政。詳參：張廷玉等，《明史》（北京：中華書局，1974年），卷二八六，〈文苑二・陸容〉，頁7343。

[13] 陸容，《菽園雜記》（北京：中華書局，1985年），卷三，頁33-34。同樣段落亦可參：劉聲木撰，劉篤齡校，《萇楚齋四筆》，卷四，〈明危素失節見辱〉，頁752-753。

[14] 《明太祖實錄》，卷26，吳元年十月，頁385。此條亦可見：《明太祖寶訓》，卷四，〈勵忠節〉，頁249。

[15] 余闕與危素同列於〈進宋史表〉。詳參：脫脫等，《宋史》（北京：中華書局，1974年，中華書局點校本），附錄，〈進宋史表〉，頁14254、14258。

[16] 宋濂等，《元史》，卷一百四十三，〈余闕〉，頁3428。

危素謫守余闕廟的敘述，首見陸容《菽園雜記》。之後，隨著「忠」觀念日漸強化，士人與四庫館臣常透過這種敘述，補足「失節」論。危素、余闕二人相互映襯的筆法，並不少見。劉聲木便藉此段落，強化危素因失節而遭羞辱的評論。

受到清代士人及四庫館臣影響，危素常與「失節」連結，故陳寅恪稱元好問諸人有「國可亡，而史不可滅」意念的同時，卻又說「其品格之隆汙，學術之歧異，不可以一概論」。陳寅恪將論述焦點集中於寫史、避免評論學術歧異，尚能理解，但特意提到「品格之隆汙」，顯然是因為四人的歷史評價褒貶不一。[17]由此可見，雖然諸多危素相關敘述所賦予的歷史評價不同，但仍難將之視為毫無相關。

陳寅恪與劉聲木皆提及明初的危素，皆依據危素於元末明初的動態，同樣承認其「失節」，但兩者賦予的歷史評價不盡相同：陳寅恪將危素視為歷史學者值得仿效的對象，重「存史」；劉聲木將其視為變節遭辱的例證，論「失節」。雖然無法確切得知，《明太祖實錄》、〈新墓碑銘〉對於危素相關敘述有何種影響，也難以驗證各自真偽，但或可問：「存史」與「失節」何以

---

[17] 元好問、萬斯同末仕新朝，後代史書未以「貳臣」論之；然錢謙益、危素身仕二朝，備受抨擊，分別收入《欽定國史貳臣傳》（以下稱《貳臣傳》）、《續通志‧貳臣傳》。其中，又以危素最為特別，《續通志‧貳臣傳》內收錄唐至明七朝「貳臣」共四十六位，以「五代」收錄十七人最多；「明代」人數最少，僅危素一人。詳參：嵇璜等，《欽定續通志》，收入《景印文淵閣四庫全書》，第399冊（台北：臺灣商務印書館，1983年，據國立故宮博物院藏本影印），卷606，〈貳臣傳〉，頁2b。

形成？明清官方與士人為何賦予危素「存史」或「失節」評價？
兩種評價的意義有何不同？為此，必須探析明代至民初的危素的
相關敘述。

二、相關研究評述

由上述陳寅恪與劉聲木的例子可見，危素的易代抉擇，給
予士人與四庫館臣詮釋意義的空間。不過，就目前研究成果看
來，易代士大夫的人物品評，以明清之際最為豐碩。何冠彪《生
與死：明季士大夫的抉擇》提到，明清之際士論會因殉國者「如
何死」而有所不同：對於積極型殉國者，因其力抗清軍而亡，故
士人論以「忠義」；對於消極型殉國者，因其稍加抵抗、觀望之
後才亡故，或甚至在朝廷覆滅時隨即殉國，故士人有所責難。不
過，明清之際士人認為，鼎革與殉國之間不存在必然關係，因為
「活於新朝」的挑戰不遜於殉明。[18]

易代不死者，又會面臨出處抉擇。不過，並非所有隱居山
林的士人，皆為「遺民」。何冠彪指出，遺民本義是「國亡而遺
留之人」，今指「易代後不仕新朝」，儘管後者詞義無法溯源，
但承平之世與易代之際的隱居，兩者意義大相逕庭。[19]然而，以

---

[18] 何冠彪，《生與死：明季士大夫的抉擇》（台北：聯經出版事業股份有限公司，
   1997年）。
[19] 何冠彪，《明末清初學術思想研究》（台北：學生書局，1991年），頁102註2。

「出仕與否」為標準，不僅限縮研究個案找尋條件，也使得許多「小儒」難被歸納。

何冠彪藉由顧炎武、黃宗羲（1610-1695）、王夫之（1619-1692）等人，歸納明遺民的立場有「種族主義」與「文化主義」兩種立場。種族主義者認為應堅守「夷夏之防」，故批評被元廷禮聘的儒者（如江漢學派）有違《春秋》大義；文化主義者認為，出仕外族政權的儒者值得被推崇，因為他們致力傳承漢文化。[20]不過，明遺民雖堅持不仕，但未必阻止其子孫參加科考。[21]

透過明遺民的思想分析，確實可知其立場，進而瞭解其沉浸於故國之思的原因。不過，如果觀察明遺民的言論，或能進一步審視其感受。趙園《明清之際士大夫研究》提到，明清易代士人的遺、逸之辨，兩者差異僅於選擇不仕的時機。但不代表士人「成為遺民」與「鼎革」有必然因果。因此，對今人而言，明遺民的研究議題不僅限於易代抉擇，可擴至遺民建立自我認同的過程，其中包含：如何藉歷史訴說自我、如何選擇生活方式。[22]

王璦玲探討清初劇作時，將「遺民」一詞分為兩類語境：歷史研究者對於遺民現象的取擇、易代知識分子的認定。因論文

---

[20] 何冠彪，〈論明遺民的出處〉，文收氏著，《明末清初學術思想研究》，頁53-124。

[21] 何冠彪，〈論明遺民子弟之出試〉，文收氏著，《明末清初學術思想研究》，頁125-168。

[22] 趙園，《明清之際士大夫研究》（北京：北京大學出版社，2014年6月第二版），頁217-338。

主軸在於劇作家的創作動機及意識，故選擇後者，並進一步說：「大致應指凡自覺為『遺民』，或自覺對於前代應有一種『效忠』之情操者，不論其是否為當時社會或後代史家定義為『遺民』，皆屬在內。」[23]王成勉認為，如果依「自我認定」判斷是否為遺民，便會失去「遺民」的討論標準，進而消滅其特殊性。因此，王成勉將遺民定義為：「明末或鼎革之際出生，但拒絕認同新朝的人。而不認同的方法可以很多元，也很豐富的來表達」。[24]

林麗月對於明遺民的衣冠研究，即為表達不認同之例證。明太祖制訂各級冠服時，將網巾訂為明代成年男子的首服。網巾為束髮網罩，元代即有之，明清士人稱其原為道士專用束髮之物。另外，據明代士人記載，明太祖微服至神道觀時，詢問道士頭裏何物，道士回說：「網巾，用以裹頭，則萬髮俱齊」，隔日明太祖便命人「無貴賤皆裹之」。在明代禮制中，冠禮必先加網巾以示成年。然而，清人入關後，強力執行薙髮、易服，使得網巾具有反抗新朝的意義。[25]在宗藩秩序之中，明代新君登基時，「賜服」朝鮮；朝鮮國王即位時，亦向明廷「請服」。明清鼎革時，

---

[23] 王璦玲，〈記憶與敘事：清初劇作家之前朝意識與其易代感懷之戲劇變化〉，《中國文哲研究集刊》24（台北，2004年），頁40註2。

[24] 王成勉，〈明末士人之抉擇——近二十年的研究與創新〉，文收氏著，《氣節與變節：明末清初士人的處境與抉擇》（台北：黎明文化，2010年），頁17。

[25] 林麗月，〈萬髮俱齊：網巾與明代社會文化的幾個面向〉，《臺大歷史學報》33（台北：2004），頁133-160。另收氏著，《奢儉・本末・出處——明清社會的秩序心態》（台北：新文豐出版公司，2014年），頁253-286。

網巾亦牽動朝鮮的易代認同。[26]

　　明遺民亦藉由穿戴古衣冠、終身穿先朝之服、以明式衣冠殮葬等方式，宣示對故國的執著。[27]另外，據王汎森研究，部份明遺民不僅不認同清朝，對於明朝更有「罪、悔、愧、棄」心態，藉由不入城、不赴講會、不結社、不收門徒等斷絕人際交往的方式，嘗試自我孤立。[28]對此，王成勉認為，王汎森的結論雖有個案依據，但清初士人亦可能利用「遺民」身分沽名釣譽，故是否具有罪、悔等意識，仍需更多個案研究支持。[29]雖然明遺民忠於故國，避免涉入新朝政治，但卻無法「不食周粟」、「不交當世」，儘管輿論對此不以為然。明遺民因為現實需要，仍須與仕清官員接觸，而仕清官員亦嘗試扮演清廷與遺民之間的緩衝角色。[30]

　　實際上，清初漢官有仕明經歷者，並不罕見。據岡本さえ分析，順治年間擁有明朝官職的京官與地方官，前者佔近半，後

---

[26] 林麗月，〈無髮何冠：明清之際網巾的隱蔽與流移〉，文收復旦歷史系編，《明清史評論》第一輯（上海：中華書局，2019年），頁22-30。

[27] 林麗月，〈故國衣冠：鼎革易服與明清之際的遺民心態〉，《臺灣師大歷史學報》30（台北：2002），頁39-56。另收氏著，《奢儉‧本末‧出處——明清社會的秩序心態》，頁287-310。

[28] 王汎森，〈清初士人的悔罪心態與消極行為——不入城、不赴講會、不結社〉，文收周質平、Willard J. Peterson編，《國史浮海開新錄：余英時教授榮退論文集》（台北：聯經出版事業股份有限公司，2002年），頁367-418。

[29] 王成勉，〈明末士人之抉擇——近二十年的研究與創新〉，文收氏著，《氣節與變節：明末清初士人的處境與抉擇》，頁18。

[30] 李瑄，〈明遺民與仕清漢官之交往〉，《漢學研究》26：2（台北：2008年），頁131-162。

者至少三分之一。就此看來，身仕兩朝者為數眾多，且不被排擠於權力核心之外。顯然順治年間清廷尚未介意士人是否身仕兩朝。因此，岡本さえ提醒研究者「應超越貳臣的框架：明末清初時代精神，要特別把它放在清代禁書所具有的基本精神的解說中」。[31]換句話說，研究者應留意清高宗對人物歷史評價的影響。王成勉對於洪承疇（1593-1665）的研究，即為一例。乾隆以後，洪承疇未有良好的歷史評價，方志修纂者亦不論其貢獻。然在此前，僅明遺民對洪承疇有所批評甚至抹黑，清廷、方志纂修者及仕清者對洪承疇多持肯定態度，著重其輔清功勞、隱蔽其明朝仕宦及反叛經歷。[32]

　　身仕兩朝者的歷史評價，須待清高宗（1736-1795）大規模修史後才定型。何冠彪指出，清高宗特別重視歷史的教化作用。清廷史官藉由史稿進呈及皇帝御批，瞭解何者是需要被禁絕的歷史，進而揣摩政治正確與不正確敘述之間的界線。[33]據葉高樹統計，在清朝官方纂修史書中，以「傳記類」最多。對於清朝人物傳記，可分為「功臣」、「忠義」、「大臣」三類。乾隆三十年（1765）起，清高宗陸續檢討國史館歷來編纂列傳，一方面重新

---

31 岡本さえ，〈弍臣論〉，《東洋文化研究所紀要》68（東京：1976年3月），頁101-177。中文譯稿收於王成勉，《氣節與變節：明末清初士人的處境與抉擇》，頁59-110。
32 王成勉，〈清史中的洪承疇〉，文收氏著，《氣節與變節：明末清初士人的處境與抉擇》，頁33-47。原刊於王成勉主編，《明清文化新論》（台北：文津出版社，2000年），頁477-499。
33 何冠彪，〈論清高宗自我吹噓的歷史判官形象〉，文收氏著，《明清人物與著述》（台北：臺灣商務印書館，1996年），頁146-182。

評價人物，另一方面則擴增記載對象。在過程中，清高宗認為除了應讚揚殉節者之外，還需貶抑身仕兩朝者，便於乾隆四十一年（1776）詔修《欽定勝朝殉節諸臣錄》（以下簡稱《殉節諸臣錄》）與《貳臣傳》。[34]陳永明針對《貳臣傳》與《殉節諸臣錄》的編纂，探討清高宗透過評價明清易代士人彰顯「有死無貳」的價值。[35]另外，《四庫全書》的編纂，亦對中國文化產生極大影響。王汎森指出，纂修《四庫全書》最初目的在於「稽古右文」。直到乾隆三十九年（1774），清高宗暗示臣下「寓禁於徵」時，纂修《四庫全書》才具有文化禁制的功能。從「稽古右文」轉向「寓禁於徵」，各級官員雖訝異，但也無法明言清高宗前後不一，僅能一邊搜書、一邊揣摩上意。簡言之，書籍禁燬的標準「約定俗成」，進而產生一種壓抑的文化氛圍。[36]

　　乾隆朝對於易代士人的讚揚與批評，影響後人對歷史的認識。清高宗透過《四庫全書》的編輯與史著的纂修，使其權力「盡可能」貫徹全社會。透過岡本さえ與王成勉兩人的研究，即可見得清廷權力對人物評價的影響。清高宗對於清初殉節及變節士人的評價，並不威脅政權正當性，反倒使「忠」成為歷史評價毋庸置疑的前提。然而，對於清初朝廷而言，如何使士人「為己

34　葉高樹，《清朝前期的文化政策》（台北：稻鄉出版社，2009年二版），頁143-146。

35　陳永明，《清代前期的政治認同與歷史書寫》（上海：上海古籍出版社，2011年），頁183-262。

36　王汎森，《權力的毛細管作用：清代的思想、學術與心態》（台北：聯經出版事業股份有限公司，2014年二版），頁341-502。

所用」較為重要，因此注重士人的貢獻。另一方面，「新朝」不僅威脅「故國」的統治，更挑戰清初士人的自我認同。

對清初士人來說，歷史的「鑑往知來」更為顯著，特別是宋元之際：蒙元的優勢武力能滅絕宋朝，卻無法根除漢文化。藍德彰（John D. Langlois, Jr.）指出，許衡等仕元儒士致力傳承漢文化，被部份清初文化主義者視為「中國不亡」的重要原因。清初文化主義者基於儒家傳統中「用夏變夷」，認為外族君王亦可為「聖王」。但這不代表清初文化主義論與身仕兩朝者立場相同。實際上，錢謙益（1582-1664）、吳偉業（1609-1671）等人雖以漢文化存亡為重，但也有可能是利用歷史為自己失節開脫，即所謂「事後合理化」（*ex post facto* rationalization）。[37]綜合看來，人物的歷史評價隨時間變動，又以乾隆朝與明清之際，為兩個重要觀察點。

趙園指出，儘管清初士人藉宋元鼎革自擬，但不代表近世「易代」的研究價值只限於宋元與明清。元、明在14世紀下半葉的「共生」，可謂此「易代」特殊之處。趙園以「共生」論明初，不僅因元順帝的北奔，更基於明朝延續蒙元之處甚多。但也因為蒙元的「確實存在」，使得元明易代的研究更為不易。[38]儘管如此，趙園認為仍有「突圍」的辦法：藉由各種敘述（無論今

---

[37] John D. Langlois, "Chinese Culturalism and the Yüan Analogy: Seventeenth Century Perspectives," *Harvard Journal of Asiatic Studies*, 40:2 (December 1980), pp. 355-398.
[38] 趙園，《想像與敘述》（北京：人民文學出版社，2009年），頁190-217。

人或古人)「去熟悉化」,進而挖掘敘述形成過程的複雜。[39]

最為今人所注意的「明初敘述」,為錢穆(1895-1990)〈讀明初開國諸臣詩文集〉、[40]〈讀明初開國諸臣詩文集續篇〉[41]。吳元年(1367)朱元璋(1328-1398)發佈〈諭中原檄〉,高舉「驅逐胡虜,恢復中華」之幟,並批評元朝失德、提倡天命移轉,[42]藉此強調政權正當性,進而吸引社會各階層加入朱氏政權。實際上此際士人為朱元璋所用者甚少。錢穆透過明初宋濂、劉基、高啟、楊維楨等十一人詩文集,發現當時對光復華夏不僅無「歡欣鼓舞之情」,且更「不忘胡廷」。

錢穆藉由明初士人詩文集,道出明太祖難以改變士人出處意向。清人趙翼(1727-1814)亦言「明初文人多不仕」,然其將原因歸咎於明太祖「懲原季縱弛,一切用重典,故人多不樂仕進」。[43]實際上,明初士人的隱逸乃複雜的社會現象。牟復禮(Frederick W. Mote, 1922-2005)指出,元朝隱逸可分為儒、釋、道三種互有交流的行為模式。其中,儒家式隱逸又可依士人的動機,分為「義務隱逸」(Compulsory Eremitism)、「自願隱逸」

---

[39] 趙園,《想像與敘述》,頁146-168。

[40] 錢穆,〈讀明初開國諸臣詩文集〉,《中國學術思想史論叢(六)》(台北:東大圖書股份有限公司,1993年),頁78-171。

[41] 錢穆,〈讀明初開國諸臣詩文集續編〉,《中國學術思想史論叢(六)》,頁172-200。

[42] 《明太祖實錄》(台北:中央研究院歷史語言研究所,1966年),卷26,吳元年十月丙寅條,頁402。

[43] 趙翼,《廿二史札記》(北京:中華書局,1972年),卷三十二,〈明初文人多不仕〉,頁741。

（Voluntary Eremitism）：前者基於忠義而不仕新朝，後者因「天下無道」而隱。[44]王明蓀則將元朝士人的隱逸論略分六類：自謙能力不足者、對朝廷政風不滿者、欽慕古隱士者、為道不行而隱者、志在隱逸者、忠於故國而隱者。[45]蕭啟慶針對蒙古、色目士人於元明易代的反應，分為四類：忠義、北還、貳臣、遺民。其中，遺民又可分為激烈型與溫和型：前者明顯表現對新朝的厭惡，不惜以死拒明廷徵召；後者則無激烈言詞或行動。[46]由此看來，元明之際士人的出處雖可大致歸納，但因彼此討論標準及依據不同，難以涵蓋所有狀況。

從林麗月對於陳謨（1305-1388）的分析，可以發現上述分類的侷限。蒙元時期，陳謨會試落第，未能出仕，而於江西講學。洪武元年（1368），明廷欲聘陳謨任國子學教授而徵入京，但其力辭不受，返鄉講學。講學期間，曾任江西、廣東鄉試主考官，事畢旋即返鄉。由陳謨的出處及《海桑集》，可見其「不仕明」除了不等於「忠於故元」之外，也未見「夷夏之防」的影響。陳謨的易代抉擇，是基於個人通塞出處是否「合於道」的考

---

[44] Frederick W. Mote, "Confucian Eremitism in the Yüan Period," in Arthur F. Wright ed., *the Confucian Persuasion* (Stanford: Stanford University Press, 1960), pp.202-240.

[45] 王明蓀，〈略述元人對「隱」之看法〉，文收氏著，《遼金元史學與思想論稿》（台北：花木蘭文化出版社，2009年），頁249-268。原刊於《華學月刊》145（台北：1984年）。

[46] 蕭啟慶，〈元明之際的蒙古色目遺民〉，文收氏著，《元朝史新論》（台北：允晨文化實業股份有限公司，1999年），頁119-154。

慮。[47]又以明代開國文臣宋濂為例，可見元明之際士人出處抉擇的情況複雜。唐惠美認為，宋濂不仕元並非基於「民族大義」或厭惡蒙元統治，而是因為南方儒士宦途狹隘，有志難伸。在明朝建立後，宋濂雖然位於權力核心，但因明太祖的猜忌，使其最終仍無法實踐「行道天下」的理想。不過，宋濂於朱元璋、張士誠等元末地方政權之間的選擇，由於史料缺乏，作者無法論斷。[48]

除了針對單一人物，亦有江南地區的考察研究。藍德彰指出，金華士人致力實踐儒家的經世思想，因此無論於學術或政治，皆積極參與。實際上，朱元璋亦受金華士人協助甚多。[49]然而，藍德彰論點的成立，是基於金華士人儒學思想等同其心境。若與前引錢穆著作對照，便可發現明初士人出處抉擇非常多元。換句話說，士人的理想、實踐及其心境，可能存有落差。劉祥光指出，元末士人的隱世觀主要受兩因素影響：一、元代科舉不利儒者出仕，使其轉為從事教學與著述；二、儒者對於「為己」的新詮釋，產生「以道自任」的想法。徽州士人鄭玉（1298-1358）於元末的隱居與自殺，與其說忠於元朝，倒不如說忠於自

---

[47] 林麗月，〈讀《海桑集》—論元明之際陳謨（1305-1388）的出處及其後世評價〉，文收氏著，《奢儉・本末・出處—明清社會的秩序心態》（台北：新文豐出版公司，2014年），頁221-251。原稿刊於《第一屆全國歷史學學術討論會論文集》（台北：國立臺灣大學歷史學系，1996年）。

[48] 唐惠美，《元明之際士人出處之研究—以宋濂為例》（台北：花木蘭文化出版社，2014年）。

[49] John D. Langlois, "Political Thought in Chin-hua under Mongol Rule," in John D. Langlois ed., *China under the Mongol Rule* (Princeton: Princeton University Press, 1981), pp. 137-185.

我意識。[50]但若參看上述研究成果，劉祥光的論點似僅限於徽州地區。另外，汪栢年指出，元末江南已有隱逸風氣，且元廷輕徭薄賦的治理及張士誠禮遇文士的態度，使得士人得以維持隱逸的生活方式。由洪武元年求賢詔可見，明太祖即位時已承認元末隱逸之風。若再配合士人文集的耙梳，可發現元明易代士人的出處抉擇無涉「民族大義」，更與明太祖重典治天下無關。[51]

　　十四世紀中期，在蒙元政府無力控制中國的情況下，地方軍事政權紛立。對江南士人而言，政權間的抉擇、新朝建立後的心態，則更加複雜。勞延煊分析江南士人的詩作，發現其不僅關心元皇室的存續，甚至更「以秦喻明」諷刺朱元璋。相較而言，張士誠雖然叛服不定，但至少擁有「太尉」官銜，再加上其優容文士的作風，故得士人的好感及同情。然而，作者分析劉基將明太祖與漢高祖相比擬的詩句之後，便如此推論：「這並不意外著他贊美朱元璋，而是隱約地指摘他殘酷殺功臣的行為與劉季如出一轍。」[52]筆者認為，這仍待考察劉基詩作的寫成時間及其背景。不過，在士人寫作隱晦及史料缺乏的情況下，作者仍能深刻地分析詩作，實為不易。另外，廖懿姿分析張士誠政權的興衰歷程，探討其發展、治理策略及滅亡之因，並指出張士誠販鹽時已累積

---

[50] 劉祥光，〈從徽州文人的隱與仕看元末明初的忠節與隱逸〉，《大陸雜誌》94：1（台北：1997年），頁32-48。

[51] 汪栢年，《元明之際江南的隱逸士人》（台北：花木蘭文化出版社，2016年），初稿為1997年國立臺灣師範大學歷史系碩士論文。

[52] 勞延煊，〈元明之際詩中的評論〉，文收食貨月刊委員會編，《陶希聖先生八秩榮慶論文集》（台北：食貨出版社，1979年），頁145-163。

可觀的武力與群眾基礎，再加上張士德的謀劃，使張氏政權迅速擴展。張士誠降元、受封「太尉」銜之後，採取禮遇士人策略，使張氏政權的統治更加穩固。至正二十三年（1363），張士誠叛元自立為吳王，生活越加奢侈，不僅無法有效招納經世能人，亦不接受部份士人的勸諫，使張氏政權發展受限。再者，張士誠過早稱王，長年征戰又未能恢復社會生產、累積實力，更錯失併吞擴張政權的時機，因此無力抵抗朱元璋軍隊。[53]

　　若將元明與明清兩易代研究成果對照，便可發現元明易代士人對新朝的態度似更為冷淡。雖然蕭啟慶指出明朝元遺民有激烈、溫和兩型，但其研究個案侷限於蒙古、色目階層，人數甚少，且存世撰述多為詩作，難以分析元遺民如何表現對新朝的不認同。另外，清廷強推薙髮與易服，不僅激起士人反感，更使髮、服成為不認同清朝的象徵。這正是元明易代士人所未有經驗。因為元明易代缺乏髮、服等象徵，所以縱使士人對明朝不滿，也難以明確表現於詩文。因此，對於後世學者（包含趙翼）而言，易將「明初文人多不仕」導因於明太祖薄待士人。[54]實際上，明初江南已有隱逸風氣，明太祖對士人出處影響仍待評估。

　　綜合上述，目前明初研究，難以藉由元明易代士人著作，論述此際政治與社會文化情況，進而開展新論。不過，或許可進一

53　廖懿姿，《元末張士誠政權與淮東、浙西社會》（新竹：國立清華大學歷史研究所碩士論文，2003年）。

54　趙翼，《廿二史札記》（北京：中華書局，1972年），卷三十二，〈明初文人多不仕〉，頁741。

步探究，元明易代之後士人為何、如何敘述明初人物，從中發掘元明易代的研究意義。

三、研究方法與資料說明

　　元末明初的士人氛圍，並非盡如今人所想。明太祖在〈諭中原檄〉中，高倡「驅逐胡虜，恢復中華」，[55]希望藉此引起元末士人注意。然而，據錢穆對於明初文人詩文集的研究，發現當時士人對光復華夏無「歡欣鼓舞之情」。[56]

　　實際上，蒙元統治者與漢族士人相互交織的關係，在元朝建立之初，即以形成。蕭啟慶指出，至元八年（1271），蒙古改國號為「大元」，又遷都漢地，使其攻宋戰爭的性質，不單只求經濟榨取，更帶有「朝代正統更迭」意義。因此，元朝的立法施政，一方面需以「漢法」治中國，另一方面又需確保蒙古既得利益及特權。儘管元朝統一中國，卻無法完全統合成高度凝聚力的政治共同體。[57]所以，元廷施政常在漢族士人「以夏變夷」[58]與蒙古本位間拉鋸。[59]

---

[55] 《明太祖實錄》（台北：國立中央研究院歷史語言研究所，1966年），卷二十六，吳元年十月丙寅條，頁402。

[56] 錢穆，〈讀明初開國諸臣詩文集〉，《中國學術思想史論叢（六）》，頁78。

[57] 蕭啓慶，《元朝史新論》（台北：允晨文化，1999年），頁14-18。

[58] 蕭啓慶，《元代的族群文化與科舉》（台北：聯經出版事業股份有限公司，2008年），頁217。

[59] 蕭啓慶，《元朝史新論》，頁30-39。

雖然元廷施政仍以蒙古至上，但蒙漢文化交流並未阻滯。據蕭啟慶研究，元朝正式建立（1271）以前，即有少數外族「士人化」。[60]元朝建立以後，蒙古、色目習得儒學者越來越多，參與文學唱酬、書畫活動的程度亦越來越深。到元末明初時，蒙古、色目及漢族士人以「吾徒」稱呼自己所處的人際網絡，不僅顯示跨民族士人文化圈形成，亦可見「群體意識」高過「族群意識」。[61]

　　不過，明成化年間，明蒙關係再趨緊張，士人改以「族群」角度撰寫開國歷史。劉浦江指出，成化十年（1474）出版的丘濬《世史正綱》，將南宋滅亡到明朝建立的期間，稱為「夷狄純全之世」，使元明易代帶有「民族革命」性質。後來，嘉靖、萬曆乃至崇禎等朝，由於邊疆未靖，士人華夷觀念愈加強烈。[62]從〈諭中原檄〉傳抄歷程中，亦可觀察到此趨勢。據傅范維研究，《續資治通鑑綱目》[63]纂修者將〈諭中原檄〉部分文字刪改，使之原本強調「文化道統」的論調，轉向彰顯「夷夏之防」。[64]

---

[60] 據蕭啟慶的定義，「士人化」是異族士人雖接受漢族士人文化，但未必放棄其本族的族群認同，甚至更有選擇性保留原有文化。詳參：蕭啟慶，《四海九州風雅同：元代多族士人圈的形成與發展》（台北：聯經出版事業股份有限公司，2012年），頁5註11。

[61] 蕭啟慶，《四海九州風雅同：元代多族士人圈的形成與發展》，頁7-36。

[62] 劉浦江，〈元明革命的民族主義想像〉，《中國史研究》2014：3（北京：2014年），頁79-100。

[63] 《續資治通鑑綱目》於景泰年間詔修，明英宗復辟時中輟，到明憲宗成化九年（1473）時詔令復修，於成化十二年（1476）成書。詳參：傅范維，〈從〈諭中原檄〉的傳鈔看明代華夷正統觀的轉變〉，《明代研究》22（台北：2014年），頁59。

[64] 傅范維，〈從〈諭中原檄〉的傳鈔看明代華夷正統觀的轉變〉，《明代研究》22（台北：2014年），頁51-76。

歷史書寫的變化，顯示各時代之間差異。綜觀明、清官方與士人的危素相關敘述，亦能反映之。特別要釐清的是，雖然危素謫守余闕廟的敘述，首見成化年間出版的《菽園雜記》，但囿於史料，目前無法深論此敘述的脈絡及意涵，是否與「夷夏之防」有關。

　　在前人研究成果中，危素謫守余闕廟被置於何種論述脈絡？錢穆〈讀明初開國諸臣詩文集〉中，危素是明太祖對士人反感的導火線。錢穆認為，危素入明後「甚見禮重」，是明太祖瞭解修史可以籠絡士人的原因，故於洪武二年（1369）徵山林隱逸士人修《元史》。修史諸人雖為一時之選，然卻相繼求去，明太祖對此不以為然。[65]

　　危素何以「甚見禮重」？錢穆據錢謙益《列朝詩集小傳》載危素投井自殺之際，旁人力阻曰：「國史非公莫知，公死，是死國史也」。此時，明軍將至史庫，危素請主帥將元代歷朝實錄輦而出之，使勝國史事得以保存。入明後，危素被明太祖譏諷，終至謫居而亡。[66]錢穆又據錢謙益《列朝詩集小傳》、黃式三（1789-1862）《儆居集》論危素曰：

　　　　元酋已北遁，素猶不惜出其身，復官僅一日而明兵已入
　　　　燕，其為人之無識可想。而當時群士競重之，明祖亦不得

---

[65] 錢穆，〈讀明初開國諸臣詩文集〉，《中國學術思想史論叢（六）》，頁128-130。
[66] 錢謙益，《列朝詩集小傳》（上海：上海古籍出版社，1983年），頁83。

不加禮，反感內鬱，一時激發，亦可見當時上下心情之暌隔為何如矣！而明祖之薄待當時之群士，其心情豈不亦有所可諒乎？[67]

元順帝北奔之際，危素仍受帖木兒不花監國之詔而復官，復官不久明軍入大都，錢穆因此認為危素「無識」。由此看來，明太祖本已鄙夷危素，但因危素富有聲名、受人敬重，故不得不禮遇之，所以錢穆認為明太祖譏諷危素是「反感內鬱，一時激發」，薄待士人亦有其因。可惜的是，危素不僅詩文散佚甚多，其於元末所撰《宋史稿》亦不存。對此，錢穆論道：「然即如余所舉明初諸臣集，其皎皎可考者，當時士群心情，已昭然若揭，則危氏一集之軼，正亦無足深惜耳。」[68]

假如錢穆文章旨在證明此時未有歡欣鼓舞之情，那麼危素詩文集的散佚，確實無妨此論是否成立，但也由此發現「明太祖鄙夷危素」論述，是基於錢謙益、黃式三等清人記載，並非依據危素詩文集與明初史料而發。

另外，從劉聲木的段落，可見《四庫全書提要》對危素歷史評價影響甚大。清廷編纂《四庫全書》的初衷為「稽古右文」，後來轉向為「寓禁於徵」，使其具有文化統治功能。[69]《四庫全

---

[67] 錢穆，〈讀明初開國諸臣詩文集〉，《中國學術思想史論叢（六）》，頁128-129。
[68] 錢穆，〈讀明初開國諸臣詩文集〉，《中國學術思想史論叢（六）》，頁129-130。
[69] 王汎森，〈權力的毛細管作用—清代文獻中「自我壓抑」的現象〉，《權力的毛細管作用》，頁413-415。

書》曾抄七部，至民國時僅剩四部。對於清末民初知識分子而言，《四庫全書》不僅是研究材料，更是國家文化資產，具有宣傳「我國」文化精髓意義，其保存、出版情況，受到各方勢力注目。[70]因此，《四庫全書提要》的危素敘述得以保存、流傳至民國初年，被劉聲木閱讀。

《四庫全書提要》相關段落，對危素生平並無著墨。關於危素生平，明初相關記載，可見宋濂（1301-1381）〈新墓碑銘〉、[71]《明太祖實錄》，[72]又以前者最詳。明代中期至清代，雖有著作記載危素生平，但不如宋濂〈新墓碑銘〉詳細，且大多摘錄特定敘述情節。

如同一再被傳抄、賦予意義的〈諭中原檄〉，歷代士人亦透過閱讀、摘錄危素相關敘述，共同創造意義，使「存史」與「失節」歷史評價得以形成。撰寫危素相關敘述的歷代士人，其立場與寫作動機非常多元，像是：期盼官方修史的何喬遠（1558-1632）、身為明遺民的談遷（1594-1658）與張岱（1597-1689）、纂修地方志的王有年（生卒年不詳）、完成清高宗旨意的諸位館臣，以及自視清遺民的劉聲木等人。對於這些生存時

---

[70] 林志宏，〈舊文物，新認同—《四庫全書》與民國時期的文化政治〉，《中央研究院近代史研究所集刊》77（台北：2012年9月），頁61-99。

[71] 宋濂，《宋文憲公全集·芝園後集》，卷二十七，〈故翰林侍講學士中順大夫知制誥同脩國史危公新墓碑銘〉，頁327-329。本墓碑銘亦收於劉氏嘉業堂刊本《危太樸集》。

[72] 《明太祖實錄》（台北：國立中央研究院歷史語言研究所，1966年），卷71，頁1323-1324。

代、身份與著述心態皆異的士人來說，危素敘述是否符合「史實」，不如其所顯現的「刻板印象」來得重要。對他們來說，危素敘述能夠闡述的意義，未必與「國家認同」相涉，但可藉此自抒己志，或達成某種目的。

岡本さえ分析明清鼎革士人出處時，提醒研究者，需注意清高宗品評歷史人物的影響。[73]這亦顯示，士人的行為一旦「被敘述」，便會脫離「原貌」。影響敘述脈絡的因素，即是士人及其時代。趙園便透過明清鼎革士論議題，探討此際時代氛圍。[74]與之相較，元明易代士論則不甚「精彩」。由於元明易代士人對新朝的態度較冷淡，不認同新朝的行為較少，因此，對於「遺民研究」來說，此際研究價值較低。儘管如此，危素仍出現於明、清、民初士論中。

有關歷代士論，趙園說：

> 士有表達，且有可能存留而成為「文獻」，「四民」的其他「民」，作為沈默的大多數，卻只能在被士人書寫的文獻中片段零星地偶爾現身，且無從質證。[75]

---

[73] 岡本さえ，〈貳臣論〉，《東洋文化研究所紀要》68（東京：1976年3月），頁101-177。中文譯稿收於王成勉，《氣節與變節：明末清初士人的處境與抉擇》，頁59-110。

[74] 趙園，〈士人經驗中的明清之際的言論環境〉，文收氏著，《明清之際士大夫研究》，頁200-216。

[75] 趙園，《想像與敘述》，頁156。

實際上，曾居高位的危素，亦為「沈默的大多數」。歷代危素相關敘述的「真偽」，囿於史料缺乏，無法完全考證。危素詩文集缺乏針砭時政之言，又成書於元末，[76]無從為自己「發聲」。因此，危素詩文內容從未受到歷代士論抨擊，而是針對其行為。危素的相關敘述，亦聚焦某些情節。

　　無從證明敘述與「真實」是否相符，但可透過追索其憑藉材料，探問「為何使用」、「如何敘述」，將各種敘述「去熟悉化」。在現今研究者與清人著作中，元明易代較不激昂。這不代表明初無朝代更迭的困擾。趙園認為，明太祖承認元代正統，強調元興亡為「氣運」、「天運」所致，又不欲根除之，可見其態度相當複雜，並非「華夷之辨」所能概論。後續蒙古仍以「大元」為號，對明朝貢。因此，對明人來說，元朝實未亡，相關士論難以展開。

　　就此看來，無怪明初士人「認同故國行為」（包含書寫）異於清初。元末明初、明末清初時代際遇不同，士人遭遇的忌諱亦然。歷史評價的研究意義，不必執著於人物的正確定位，而可觀察其所反映的時代差異。林麗月探討元明之際士人陳謨（1305-1388）的出處及其後世評價，考察從明清易代、乾隆到清末民初

---

[76] 虞集〈序〉文末年份為至正十二年（1352）。另外，無論民初劉承幹所刻《危太樸集》，還是清四庫全書的《雲林集》、《說學齋稿》，皆無入明後詩文（見第二章）。詳參：虞集，〈序〉，文收危素，《危太樸集》（收入王德毅編，《元文人珍本叢刊》，第七冊，台北：新文豐出版，1985年，據劉氏嘉業堂刊本影印），頁2a。

的思想演變。[77]危素本人及其歷史評價，亦有類似歷程。不過，明清士人、清遺民與二十世紀初期學者對於危素的論述，並非以危素詩文集為基礎，與陳謨〈通塞論〉被四庫館臣批評的情況不同。

雖然危素不是一再被稱頌的明初士人，但其相關敘述仍穿透明清、乾隆朝與民初，進而形成「存史」與「失節」歷史評價。不同時代與論說脈絡的危素敘述，反映相異歷史氛圍及士人心態。透過《續通志》、《石匱書》與地方志等史料的分析，除了與錢穆〈讀明初開國諸臣詩文集〉對話之外，亦可顯見明初人物歷史評價的多元。

本書共有五章。除了〈緒論〉與〈結論〉之外，本論共含三章，以「生平」、「著作」、「存史」、「失節」為主軸。第二章〈危素的著作與生平〉將追索危素著作流傳狀況、生存時代背景及其生命歷程，藉以瞭解歷代士人的申論憑據。第三章〈乞活為存史：明清士人論危素的殉國未遂〉，以「存史」評價為主軸，擬探討明清諸多士論所呈現的「刻板印象」中，具有何種意義落差，進而觀察清乾隆朝以前，危素歷史評價的趨向。第四章〈謫守廟愧之：危素失節評價的形成〉，以「失節」評價為主軸，藉由危素貶謫故事流傳歷程，探討晚明、清初相關敘述如何影響乾隆朝廷編纂著作，並從中觀察其意義變化。

---

[77] 林麗月，〈讀《海桑集》—論元明之際陳謨（1305-1388）的出處及其後世評價〉，文收氏著，《奢儉・本末・出處—明清社會的秩序心態》，頁234-251。

關於危素歷史評價的研究，筆者除了運用士人文集之外，更透過分析史書傳記的內容，配合地方志的記載，企圖追尋「存史」與「失節」四百餘年複雜的形成歷程。因此，本書不僅留意危素生存時代的相關論著，亦汲取目前元末明初、明末清初及清末民初研究經驗，輔以運用史學史、書籍史相關研究成果。期望藉由參照諸多研究成果，探討並組織各種相似史料，略補易代人物研究之不足。

第二章
危素的著作與生平

　　洪武十年（1377），宋濂受危素之子所託，撰〈危公新墓碑銘〉。據〈危公新墓碑銘〉載，危素撰有文集五十卷、奏議兩卷、宋史稿五十卷、元史稿若干篇，皆以手稿形式存於家。[1]然而，嘉靖三十八年（1559）歸有光向友人索求危素手稿時，其文不僅少有流傳，更散佚大半。清高宗編纂《四庫全書》時，危素文集僅存四卷，民國元年（1912）劉承幹雖大力蒐羅，仍未齊。另外，綜觀明、清及民初危素相關敘述，其元明易代之後的生死出處備受關注，但於元朝仕宦經歷，不太被注意。因此，筆者先於本章梳理危素著作的流傳及其仕宦經歷，作為後續章節申論基礎。

---

[1]　宋濂，《宋文憲公全集・芝園後集》（收入四部備要，第八十二冊，上海：中華書局，1989年影印本），卷二十七，〈故翰林侍講學士中順大夫知制誥同脩國史危公新墓碑銘〉，頁329。

第一節　著作及其流傳

　　鴉片戰爭後，清廷取消文津閣夏季抖晾曬書經費，文津閣藏書因而受潮嚴重。同治六年，文津閣修理工程完竣，熱河督統麒慶（生卒年不詳）奏請增撥經費，恢復抖晾工作。[2]自此，文津閣藏書環境再度被重視，並於光緒二十年（1894）重新清點。[3]據載，文津閣藏危素文集《說學齋稿》四卷（138篇）、詩集《雲林集》兩卷（80首）。[4]

　　民國元年（1912），劉承幹刊刻《危太樸詩集》、《危太樸文集》與《危太樸文續集》。《危太樸詩集》乃陸心源（1838-1894）皕宋樓版《雲林集》重編，與四庫全書本完全相同。《危太樸文集》據康熙五十一年（1712）張氏鈔本刊刻，共十卷。據筆者比對，張氏鈔本與四庫全書本僅卷次差異，實際篇名、篇數皆相同。《危太樸文續集》為劉承幹蒐羅地方志及其他書籍，另輯而成，共十卷。[5]就此看來，清代危素詩文保存、流傳狀況一

2　中國第一歷史檔案館編，《纂修四庫全書檔案》（上海：上海古籍出版社，1997年），附錄一，〈熱河督統麒慶奏文津閣書籍抖晾需費請旨照例開銷片〉，頁2389。

3　中國第一歷史檔案館編，《纂修四庫全書檔案》，附錄一，〈熱河總管世綱等奏查明文津閣並園內各殿宇書籍摺〉，頁2391。

4　中國第一歷史檔案館編，《纂修四庫全書檔案》，附錄一，〈熱河總管世綱等奏查明文津閣並園內各殿宇書籍摺附文津閣收存書籍數目清單〉頁2599。

5　潘柏澄，〈危太樸集敍錄〉，文收危素，《危太樸集》，收入王德毅輯，《元人文集珍本叢刊》第七冊，書首。

致，未有增補或散佚。

　　據《四庫提要》載，危素詩集《雲林集》為迺賢（1309-1369？）編次，於至正三年（1343）付梓。[6]據宋濂於洪武十年（1377）所撰〈新墓碑銘〉，危素有文集五十卷、奏議兩卷、宋史稿五十卷、元史稿若干篇，手稿藏於家，未出版。[7]嘉靖三十八年（1559）時，歸有光取得手稿，傳抄後加以整理，僅存138篇，各篇末皆記所作年歲。[8]另據筆者整理，最早作成文章年歲為「甲子」（1324），最晚為「乙未」（1355）。也就是說，洪武十年（1377）到嘉靖三十八年（1559）間，危素文集手稿流傳情況不甚明瞭。

　　對於危素未能得見「乙未」後之文章，及其文集手稿散佚問題，清人吳焯（1676-1733）猜測：

　　　乙未為元順帝至正十五年，是歲明太祖起兵，自和州渡
　　　江，更十有四年而元亡。此十餘年間，正當南北兵戈俶
　　　擾之際，素以史事自任，其間豈無憂時憫世之作。迨身歷
　　　承平，雖登禁從，而亡國之際，聲華銷【消】爍，卒致觸

6　永瑢等，《文淵閣四庫全書總目提要》，收入《景印文淵閣四庫全書》，第四冊，卷169，〈雲林集〉，頁10b。

7　宋濂，《宋文憲公全集·芝園後集》（收入四部備要，第八十二冊，上海：中華書局，1989年影印本），卷二十七，〈故翰林侍講學士中順大夫知制誥同脩國史危公新墓碑銘〉，頁329。

8　永瑢等，《文淵閣四庫全書總目提要》，收入《景印文淵閣四庫全書》，第四冊，卷169，〈說學齋稿〉，頁11b。

諱，此稿之佚，非無故也。志傳稱其集有五十卷，大抵未
有成書。[9]

吳焯認為，兵馬倥傯之際，危素應有相關評論，但入明後，聲名
不再崇隆，終致觸諱而使文集散佚大半。對此，錢穆在〈讀明初
開國諸臣詩文集〉說：

吳氏此項推想，大非無因，惜今已無可得其佚稿而詳論
之。然即如余所舉明初諸臣集，其皎皎可考者，當時士
群心情，已昭然若揭，則危氏一集之佚，正亦無足深惜
耳。[10]

錢穆提及危素文集散佚，雖散佚但仍不影響其論述。不過，耐人
尋味的是，錢穆雖未批評或贊同吳焯之論，並認為其如此推想
「大非無因」。實際上，有關洪武朝文字獄案的記載，直至明中
後期才竄出，再被清人趙翼（1272-1814）等摘錄。換句話說，
吳焯可能受清朝史家影響，而有如此推測。另外，趙翼以「學問
未深，往往以文字疑誤殺人」論明初文字禍，[11]似無法成立。早

---

[9]　吳焯，《繡谷亭薰習錄》（仁和吳氏雙照樓刊本），集部，〈說學齋稿一卷〉，
頁20b-21a。
[10]　錢穆，〈讀明初開國諸臣詩文集〉，文收氏著，《中國學術思想史論叢
（六）》，頁129。
[11]　趙翼，《廿二史札記》（北京：中華書局，1972年），卷三十二，〈明初文字之
禍〉，頁740。

在至正年間，朱元璋即與文臣多次談經紀錄，又能援引《書經》論事，[12]顯然並非不通文墨，應難有疑誤。明初胡惟庸、藍玉等案，為政治氛圍趨於緊縮的主因，文字致禍則相較不重要。[13]

再者，若危素詩文集觸諱推論成立，仍有問題需解答。洪武十年（1377）時，危素手稿仍藏於家中，那麼文集散逸的原因，除了朝廷派員至家中探查之外，就是後人主動燬稿。終至明末，明廷未有如清廷大規模、組織性搜書，也沒有明代士人有相關論述。就此看來，危素手稿因觸諱散逸，可能性不高。

危素文集《說學齋稿》所收最晚成文年份，為至正十五年（1355）。雖然南方武裝勢力已崛起，但危素未必有「憂時憫世之作」。危素並非不載時政，惟其文筆較平淡，未有尖銳議論，宋濂即以「公文之純，太音元酒（同「玄酒」）」稱之。[14]嘉靖三十八年（1559），歸有光向友人訪求危素文集。他說：

　　昔年宋學士，嘗稱太樸文。獨力撐頹宇，清響薄高雲。余

12　朱鴻林，〈明太祖對《書經》的徵引及其政治理想和治國理念〉，文收氏編，《明太祖的治國理念及其實踐》（香港：香港中文大學出版社，2010年），頁20-22。

13　陳學霖，〈明太祖文字獄案考疑〉，文收氏著，《明代人物與傳說》（香港：香港中文大學，1997年），頁20-24。

14　宋濂，《宋文憲公全集・芝園後集》，卷二十七，〈故翰林侍講學士中順大夫知制誥同脩國史危公新墓碑銘〉，頁329。「玄酒」乃清水，在古祭禮中，以之代酒。據《禮記・禮運》載：「故玄酒在室，醴醆在戶。」孔穎達疏曰：「玄酒謂水也。以其色黑，謂之玄，而大古無酒，此水當酒所用，故謂之玄酒。」詳參：鄭玄，《禮記疏》（清嘉慶二十年南昌府學重刊宋本十三經注疏本），卷二十一，頁16ab。

少略見之，諷誦每忻忻。淡然玄酒味，曾不涉世芬。如欲
復大雅，斯人真可群。苟非知音賞，宋公安肯云？嗟乎輕
薄子，狂吠方狺狺。[15]

歸有光閱讀危素文章，亦以「淡然玄酒味，曾不涉世芬」稱之，
可惜危素文集散失甚多。不過，其中「嗟乎輕薄子，狂吠方狺
狺」，顯示嘉靖年間，危素歷史評價已不佳。

　　嘉靖為江南出版業趨向發達的轉折期，[16]明人撰述叢出。雖
然歸有光搜整危素文集，使之得以較完整面目流傳後世，但並
未改變危素歷史評價，因為諸多暢銷書及作者，如陳建（1497-
1567）《皇明通紀》、李贄《續藏書》等，皆論危素失節謫死，
使其著作更難被士人閱讀及重視。這也反映，除了歸有光之外，
諸多士人評論危素的根據，在於其言行而非文集。

第二節　生平及其仕宦

　　危素，字太樸，江西省撫州路金谿縣人，生於元成宗大德
七年（1303）。危素宗族之祖，乃唐代撫州刺史、南庭郡王危全

15　歸有光撰，周本淳校，《震川先生集》（上海：上海古籍出版社，2007年第
　　二版），別集卷之十，〈奉託俞宜黃訪求危太樸集幷屬蔣蕭二同年及長城吳博
　　士〉，頁951。
16　大木康著，周保雄譯，《明末江南的出版文化》（上海：上海古籍出版社，2013
　　年），頁7-19。

諷。[17]自危素上溯十七世，其支始遷至金谿縣。高祖危時發、曾祖危炎震皆有功名，祖父危龍友則為潮州小江等提舉司。其父危永吉（1271-1328）未任官，平時農耕自給，亦常為他人醫病，撰有《醫說》一卷，但或許收入不豐，又常於凶歲主動賑濟鄰里，故偶需母親紓困。[18]

大德年間，天災頻繁，[19]使危素幼時生活更加困頓。年紀稍長，危素由祖父教授五經，後師從吳澄。[20]雖能讀書，但他的物質生活貧困，曾作詩自嘆「雲林山人窮到骨」，並怨朝廷君臣不見「饑人破鐺夜煮蕨根粥，妻子訾訾向天哭」。[21]二十餘歲時，似因求官不順，自嘆「終年讀書空自勞」，但仍未放棄入仕希望，「欲奏長策天門開」。[22]至元二年（1336），金谿大旱，[23]無疑使危氏一族生活雪上加霜。直到至正二年（1342），危素文章名動公卿間，受薦為經筵檢討同修宋遼金三史。[24]這時，危素年歲已四十。

17　宋濂，《宋文憲公全集‧芝園後集》，卷二十七，〈故翰林侍講學士中順大夫知制誥同脩國史危公新墓碑銘〉，頁327。

18　黃溍，《金華黃先生集》（北京大學圖書館藏元刻本），卷三十二，19b。

19　宋濂等，《元史》（北京：中華書局，1997年），卷一百七十二，〈程鉅夫傳〉，頁4017。

20　宋濂，《宋文憲公全集‧芝園後集》，卷二十七，〈故翰林侍講學士中順大夫知制誥同脩國史危公新墓碑銘〉，頁327。

21　危素，《危太樸集》，詩集卷一，〈種菜為霜雪所殺歎〉，頁5ab。

22　危素，《危太樸集》，詩集卷二，〈東風行〉，頁5a。

23　王有年纂，《[康熙]金谿縣志》（收入中國科學院圖書館選編，《稀見中國地方志彙刊》，第29冊，北京：中國書店，1992年，據康熙二十一年刊本影印），卷十三，〈災異〉，頁13a。

24　黃溍，《金華黃先生集》，卷三十二，18a。

至元六年（1340），反漢法的權臣伯顏（1280?-1340）倒台，脫脫（1314-1355）繼任中書右丞相，推行「更化」，朝廷政策改以「儒治」為主軸，[25]具體作為包含恢復科舉、開經筵、修三史等。雖然朝廷中書省宰執人數仍以蒙古、色目為多，但漢、南人職位有所提升，[26]又以賀惟一（泰定帝賜名「太平」）職品最高，任中書省右丞、三史總裁官。[27]

　　賀惟一任三史總裁官時，史事似乎未有進展。危素上書直言「可以亡人之國，不可以亡人之史」，「三朝之史，不可以不修也」。危素說，元世祖時，史官因「創夷未瘳」而未能成事，之後有倡修史者，但又因「大德末年以來，國家多故」，所以「無和者」。至正二年（1342）時，傳記散佚、耆老凋零。危素擔心，若繼續延宕，更會讓三史無法修成。[28]

　　危素以「創夷未瘳」、「國家多故」論三史未成，似過委婉。實際上，修史涉及朝廷政策是否趨於「漢法」。對元廷來說，修史可籠絡儒士，亦可藉中國傳統的「正統觀」確立政權正當性。[29]話雖如此，那麼何者為元朝的「前朝」？元朝正統承自何處？地方士人楊維楨（1296-1370）、陶宗儀（1316~?）認為，

---

[25] John W. Dardess, *Conquerors and Confucians* (New York: Columbia University Press, 1973), pp.75-77.

[26] 洪麗珠，《肝膽楚越─蒙元晚期的政爭（1333-1368）》（台北：花木蘭出版社，2011年），頁45-50。

[27] 宋濂等，《元史》，卷一百四十，〈太平〉，頁3368。

[28] 危素，《危太樸集》，危續卷八，〈上賀相公論史書〉，頁19ab。

[29] 洪麗珠，《肝膽楚越─蒙元晚期的政爭（1333-1368）》，頁53。

遼、金非「大一統」，故應以宋為正統。[30]但危素說：

> 議者曰：傳天下者，必有正統。今主宋者曰宋正統也，主
> 金者曰金正統也。……本朝立國於宋金未亡之先，非承宋
> 金而有國者也。若是，則宋之與金之國統之正否，自有定
> 論矣。[31]

危素認為，產生正統爭議的原因，在於元朝立國早於宋、金滅亡。可惜的是，危素仍未提出具體解決辦法，僅期盼盡早修史。就此看來，脫脫藉由宋、遼、金各自為史，擱置爭議求成的作法，[32]應可被危素諒解。

至正五年（1345），朝廷選善書者若干名，抄寫《宋史》進呈，危素舊識葛子熙名列「書史者」之一。對此，葛子熙說「吾其為傭書史乎」，憤而辭官南歸。危素雖欲「與子熙復求當日遊從之樂」，但又累於貧困，不能捨奉祿而去。[33]因此，危素留於大都，改任國子監助教，並作賦說：

> 悵風氣之日凋兮，眾粳雜乎淬穢。獨涼涼而奚適兮，虞誹

30　陶宗儀，《南村輟耕錄》（北京：中華書局，1959年），卷三，〈正統辨〉，頁32-38。

31　危素，《危太樸集》，危續卷八，〈上賀相公論史書〉，頁20a。

32　洪麗珠，《肝膽楚越──蒙元晚期的政爭（1333-1368）》，頁53-54。

33　危素，《危太樸集》，文集卷八，〈送葛子熙序〉，頁2b。

048　存史與失節：危素歷史評價探析

言之交至。能服仁而蹈義分，雖顛沛庸何傷。[34]

危素倍感官場險惡，惟仍堅持不辭官。雖然未能得知，危素何以激起「誹言交至」，但亦顯見此時已有聲名，所以危素後續轉任宣文閣授經郎、翰林應奉、太常博士時，不少官府、士人向其求文。

相較危素的仕途坦順，朝廷政爭仍未平息。至元六年（1340）到至正四年（1344），脫脫主政，強化儒治。後來，脫脫主動去位，但仍受政敵別兒怯不花（？-1350）強烈打擊。至正九年（1349），脫脫再度入相，不僅報復政敵，更與儒士產生衝突。特別是至正十年（1350），脫脫發行新鈔開源，引起批評聲浪。[35]此時，危素並未評論，而是撰〈賜帛頌〉盛讚元順帝敬老舉措。[36]另據康熙《金谿縣志》載，至正年間金谿發生兩次亂事：一是至正十二年（1352），紅巾軍攻撫州失利，轉掠金谿；另為至正十九年（1359），地方武力佔據金谿。[37]對此，危素不置一詞。綜上可見，面對朝廷紛爭、地方動盪，危素皆無具體建議，又或直言譏諷。

實際上，危素對於朝廷政爭並非一無所知，而是不發表尖銳議論，其所撰〈夏侯尚玄傳〉即為一例。夏侯尚玄（生卒年

---

[34] 危素，《危太樸集》，文集卷一，〈別友賦送葛子熙〉，頁2a。
[35] 洪麗珠，《肝膽楚越—蒙元晚期的政爭（1333-1368）》，頁70-79。
[36] 危素，《危太樸集》，文集卷一，〈賜帛頌〉，頁5b-6a。
[37] 王有年纂，《[康熙]金谿縣志》，卷十三，〈災異〉，頁13a。又可參見王有年纂，《[康熙]金谿縣志》，卷一，〈沿革〉，頁2a。

不詳）曾任東宮說書、侍儀司典簿。至治三年（1323），元英宗被刺殺，夏侯尚玄棄官。[38]之後，受郯王徹徹禿（?-1339）禮遇。郯王徹徹禿乃元憲宗蒙哥三子玉龍答失大王之孫，與朝廷關係密切，最後被權臣伯顏（1280?-1340）矯詔殺害。至元六年（1340），伯顏被治罪，脫脫（1314-1355）繼任中書右丞相。[39]此際，夏侯尚玄多次上書，請雪郯王之冤。而危素在〈夏侯尚玄傳〉郯王被害及夏侯尚玄昭冤始末段落之後，論曰：

> 邵子有言，死天下事易，成天下事難。昔豫讓嘗死於其主矣，而其志則未就也。尚玄報主之志畢矣，迺飄然翔翔於江海之上，何其從容哉！余客濼陽，得其三上宰相書，其言并及於臺諫中官，而乃不蹈危禍，苟非主聖臣賢豈能然耶？[40]

危素論夏侯尚玄能成其志，未因上書而遭禍，但卻未藉此大力批判擅權的伯顏，且文末亦沒有加以宣揚夏侯尚玄人格，反倒論「苟非主聖臣賢豈能然耶」。就此看來，危素文章較難引發各方激辯，也不致觸諱，但有為元順帝及脫脫文飾之嫌。

---

[38] 王德毅，《元人傳記資料索引》（台北：新文豐出版公司，1979年），頁865-866。

[39] 洪麗珠，《肝膽楚越—蒙元晚期的政爭（1333-1368）》（台北：花木蘭出版社，2011年），頁33-42。

[40] 危素，《危太樸集》，續集卷八，〈夏侯尚玄傳〉，頁9b。

儘管危素「厚重深中，有容寡言」，[41]但亂事日亟之際，仍直言無隱。至正十七年（1357），危素任禮部尚書，時紅巾軍劉福通部將毛貴（？-1359）佔領山東，官軍屢敗，進逼大都，[42]危素「每陳得失，無隱」。對此，丞相賀惟一問：「君向寡言，今又何多也？」他回應說：「吾不敢畏丞相，但畏後世史官耳！」[43]隔年，危素轉任參議中書省，建議總西方兵、經略江南及安撫流民的人選，但未獲採納。元順帝原欲使危素兼兵農宣撫使，但被拒絕，其進諫說：「今日之事，宜臥薪嘗膽，以圖中興，可也。」[44]此際，廷議遷都避亂，賀惟一力爭不可，更引兵擊退毛貴，同時張士誠歸降，山西、陝西及河北亂平，「中外人心翕然」。[45]

　　然而，朝政未轉宴然。各地變亂紛起，孛羅帖木兒、擴廓帖木兒等將領勢力日漸強大，朝廷又因皇位之爭，分為帝黨、太子黨。[46]皇太子愛猷識理達臘（1340-1378）與奇后共謀「內禪」奪位，欲逐元順帝近臣，但受賀惟一阻撓。賀惟一因此招致皇太子與奇后怨恨，黨羽被除，又於至正二十年（1360）貶為上都

41　宋濂，《宋文憲公全集・芝園後集》，卷二十七，〈故翰林侍講學士中順大夫知制誥同脩國史危公新墓碑銘〉，頁328。

42　宋濂等，《元史》，卷一百四十，〈太平〉，頁3370。

43　宋濂，《宋文憲公全集・芝園後集》，卷二十七，〈故翰林侍講學士中順大夫知制誥同脩國史危公新墓碑銘〉，頁328。

44　宋濂，《宋文憲公全集・芝園後集》，卷二十七，〈故翰林侍講學士中順大夫知制誥同脩國史危公新墓碑銘〉，頁328。

45　宋濂等，《元史》，卷一百四十，〈太平〉，頁3370。

46　洪麗珠，《肝膽楚越—蒙元晚期的政爭（1333-1368）》，頁120。

留守。[47]這段期間，危素逐年轉任禮部郎中、大司農丞、禮部尚書、參議中書省、御史台治書侍御史、中書參知政事，[48]宦途不受影響。就此看來，危素似未因皇位之爭，而得罪當道。

　　皇太子急於奪位的同時，孛羅與擴廓亦互相攻伐。朝廷並未居中協調，而是刻意扶植一方，使其彼此牽制。危素曾進言，若欲使孛羅及擴廓無鬥，可加其職並分地處之，但因右丞相搠思監（？-1364）喪妻，未能成事。[49]至正二十三年（1363），擴廓擊敗孛羅，御史大夫老的沙（生卒年不詳）彈劾搠思監誤國，但在皇太子的袒護下，搠思監僅暫解相職。隔年，禿堅帖木兒領兵入朝，殺搠思監，皇太子出逃。事件平息後，皇太子命擴廓討伐孛羅，但孛羅躲過攻勢，由居庸關入大都。元順帝為安撫孛羅，使其為中書右丞相。[50]危素中書參知政事職位因而被解，出為嶺北行省左丞。[51]

　　危素任嶺北行省左丞時，因和寧無圖志可徵，故請作《和寧志》。但志書尚未纂修，中書右丞因私怨被殺。危素說：「是尚可以仕耶？不去，禍且及即！」因而辭官，歸隱房山。時人常至房山，詢問元朝國勢趨向，危素則說：「撫軍既誤國至斯，不可

---

[47] 宋濂等，《元史》，卷一百四十，〈太平〉，頁3370。

[48] 宋濂，《宋文憲公全集・芝園後集》，卷二十七，〈故翰林侍講學士中順大夫知制誥同脩國史危公新墓碑銘〉，頁327。

[49] 宋濂，《宋文憲公全集・芝園後集》，卷二十七，〈故翰林侍講學士中順大夫知制誥同脩國史危公新墓碑銘〉，頁328。

[50] 洪麗珠，《肝膽楚越─蒙元晚期的政爭（1333-1368）》，頁111-116。

[51] 宋濂，《宋文憲公全集・芝園後集》，卷二十七，〈故翰林侍講學士中順大夫知制誥同脩國史危公新墓碑銘〉，頁327。

救矣。」[52]

　　綜合上述，危素從至正二年（1342）入仕後，官職扶搖直上。脫脫主政期間，危素似未批評其施政舉措。在至正十七年（1357）毛貴佔山東以前，危素「向寡言」。[53]之後，亂事叢出，地方將領坐大，危素雖有建言，但可能因不獲採用，又或因事未成，故沒被彈劾。另外，在元順帝與皇太子之間，危素沒有明顯傾向，宦途不受影響。但到了至正二十四年（1364），危素被解官，改任嶺北行省左丞。隔年，為避禍而自行辭官。換句話說，危素二十三年的仕宦生涯，僅最後一年受政爭影響，又未惹殺身之禍，能全身而退，隱居鄉里。

　　至正二十八年（1368），元順帝與皇太子北奔，河南王擴廓帖木兒領兵固守大都，危素復出，任翰林學士承旨。不久，徐達（1332-1385）率兵入大都。據宋濂〈新墓碑銘〉載，危素曾說：「國家遇我至矣！國亡，吾敢不死？」便至報恩寺，欲投井自殺。寺僧大梓及徐彥禮大喊：「公毋死！公毋死！公不祿食四年矣，非居位者比，且國史非公莫知。公死，是死國之死也！」遂將危素力挽出井。此時，兵臨史庫，危素及時命鎮撫吳勉，將《元實錄》帶出。[54]

---

52 宋濂，《宋文憲公全集・芝園後集》，卷二十七，〈故翰林侍講學士中順大夫知制誥同脩國史危公新墓碑銘〉，頁329。

53 宋濂，《宋文憲公全集・芝園後集》，卷二十七，〈故翰林侍講學士中順大夫知制誥同脩國史危公新墓碑銘〉，頁328。

54 宋濂，《宋文憲公全集・芝園後集》，卷二十七，〈故翰林侍講學士中順大夫知制誥同脩國史危公新墓碑銘〉，頁329。

明洪武二年（1369），危素被召至南京，任翰林侍講學士，出入禁中，備受禮遇。危素曾與明太祖言及南宋陵寢被盜一事。楊璉真珈將南宋理宗屍體盜出，又將其頭顱骨製成祭器。明太祖得知後，便命人送回南宋陵寢。[55]不久，危素因「失朝」免官。洪武三年（1370），危素復官，兼弘文館學士，又獲賜小車、免朝謁，使其「時備顧問，論說經史而已」。[56]隔年，御史王著彈劾危素，論「亡國之臣，不宜用」，危素被免官，詔出居和州。洪武五年（1372），危素卒於和州寓所，年七十。[57]

危素有二子。長子危刅，至正二十年庚子（1360）科進士，曾任大都路同知薊州事，入明後改任安慶府儒學教授。[58]次子危游，任大都路儒學提舉，入明後官職未知。[59]《明太祖實錄》亦未載危刅、危游仕宦歷程，兩人事蹟亦不被士人所關注。就此推想，危氏後代未為名門望族，可能難以藉宗族力量，將危素文稿、事蹟向外廣傳。

對於後代士人而言，危素晚年動向最有議論空間。由於危素

---

55 宋濂，《宋文憲公全集·芝園後集》，卷二十七，〈故翰林侍講學士中順大夫知制誥同脩國史危公新墓碑銘〉，頁327、329。

56 《明太祖實錄》（台北：中央研究院歷史語言研究所，1966），卷七十一，洪武五年戊寅條，頁1323-1324。

57 宋濂，《宋文憲公全集·芝園後集》，卷二十七，〈故翰林侍講學士中順大夫知制誥同脩國史危公新墓碑銘〉，頁327。

58 蕭啟慶，《元代進士輯考》（台北：中央研究院歷史語言研究所，2012年），頁365。

59 宋濂，《宋文憲公全集·芝園後集》，卷二十七，〈故翰林侍講學士中順大夫知制誥同脩國史危公新墓碑銘〉，頁329。

文筆平淡，再加上詩文散佚甚多，故難藉以明晰其生死出處抉擇心態。若耙梳宋濂〈新墓碑銘〉與《明太祖實錄》，無法發現危素是否與明太祖產生重大衝突，僅因「失朝」而暫免官。但復官後，明太祖疑似有意疏遠危素，免其朝謁，僅時備顧問。其中實情不明朗，但後代士人又以危素被明太祖鄙夷的故事，論為貶謫導火線。另外，元明之際，危素投井自殺未遂，亦為士論焦點。在「忠」觀念日漸強化的趨勢中，晚明、明清易代及清朝士人，又是如何看待、解釋危素的生與死？

關於危素投井未遂是否為真，及其與明太祖是否齟齬，囿於史料限制，無法證明真偽。因此，本書第三章、第四章，分別以士人論危素生死、出處為主軸，探討危素「存史」與「失節」的歷史評價如何產生？其歷程為何？具有何種時代意義？

第三章
乞活為存史：
明清士人論危素的殉國未遂

　　危素晚年動向，最具士人議論空間。據宋濂〈新墓碑銘〉載，徐達（1332-1385）攻入大都之際，危素赴報恩寺，欲跳井殉國，但未遂。旁人以「不居位四年矣」、「國史非公莫知」為由，將危素及時力挽出井。之後，危素前往史庫，請鎮撫吳勉將《元實錄》取出。[1]

　　對於明清易代士人來說，鼎革之際第一抉擇是「殉國與否」。不過，士論未必贊同「擇死」，王夫之即批評「死社稷」、「死城守」乃「匹夫硜硜之節」，[2]這恰好反映「以死為義」的膚淺與流行。[3]易代士人因自身心態與情境的複雜，析論「死」的必要之外，更釐清其方法及難易程度，進而影響史書的

---

[1] 宋濂，《宋文憲公全集・芝園後集》，卷二十七，〈故翰林侍講學士中順大夫知制誥同脩國史危公新墓碑銘〉，頁327。

[2] 王夫之撰，舒士彥點校，《讀通鑑論》（北京：中華書局，1975年），卷二十二，〈玄宗〉，頁688-689。

[3] 趙園，《明清之際士大夫研究》（北京：北京大學出版社，2014年第二版），頁29。

人物評傳。[4]若諸「死」未必皆能獲讚揚，那麼，明清士人會如何評價危素的殉國未遂？

　　本章先分析士人藉危素映襯正面人物簡祖英，瞭解相關敘述所呈現的負面印象，以及明代士論的焦點。在這樣情況下，危素殉國未遂如何詮釋為「存史」？因此，本章第二部分，以張岱摘抄何喬遠《名山藏》對於危素的評論為核心。透過張岱與何喬遠的敘述，不僅顯示晚明以來士論的重要性，亦可見相同敘述在相異時代氛圍，被賦予不同意義。第三部分，透過地方志的耙梳，瞭解明清易代至乾隆朝之間，危素「存史」相關敘述留存的原因，及其歷史評價發展趨勢。

第一節　為世謬笑：有關危素的負面敘述

　　清高宗敕纂的《四庫全書》，卷帙浩繁，亟需一套索引，便有《欽定四庫全書總目提要》（以下稱《四庫提要》）及《欽定四庫全書簡明目錄》等。讀者雖然能藉《四庫提要》搜查書籍與瞭解要旨，但也因此見到清廷的評點，從中接收「政治正確」的價值觀，進而對諸書及其作者存有某種印象。

　　四庫館臣認為，危素詩文集之所以散佚，即因「入明以後，

4　何冠彪，《生與死：明季士大夫的抉擇》（台北：聯經出版事業股份有限公司，1997年），頁97-204。

其人不為世所重」，[5]甚至論其「晚節不終，為世謬笑，其人本不足稱，而文章則歐、虞、黃、柳之後，屹為大宗」。[6]此看法被民國初年劉聲木承繼。[7]儘管有抱持同情態度者，如陳寅恪論危素有「國可亡，而史不可滅」的意念，但仍未完全認可其品格。[8]

由此可見，明、清乃至民國士人對危素，具有刻板印象。因此，士人不僅直接批評危素，更藉以對比正面人物。除了藉危素映襯余闕之外，在《元廣東遺民錄》簡祖英相關段落，亦可見此種筆法。

（一）《元廣東遺民錄》的編輯

歷史中「遺民錄」的出版，可追溯至程敏政（1445-1499）《宋遺民錄》。到了明清之際，「異族」入主中國，刺激士人挖掘、整理各代遺民的相關敘述，促使「遺民錄」不絕如縷，此後則有清末民初對明遺民的「再發現」。[9]然而，「遺民錄」的編輯，並非完全基於民族意識，有時則帶有鄉邦情誼，如陳伯陶

---

5 永瑢等，《文淵閣四庫全書總目提要》，收入《景印文淵閣四庫全書》，第四冊，卷169，〈雲林集〉，頁11b。

6 永瑢等，《文淵閣四庫全書總目提要》，收入《景印文淵閣四庫全書》，第四冊，卷169，〈說學齋稿〉，頁10b。

7 劉聲木撰，劉篤齡校，《萇楚齋隨筆・續筆・三筆・四筆・五筆》（北京：中華書局，1998年），四筆卷四，〈明危素失節見辱〉，頁752-753

8 陳寅恪，〈吾國學術之現狀及清華之職責〉，文收氏著，《金明館叢稿二編》（北京：三聯書店，2001年），頁361-362。

9 趙園，《明清之際士大夫研究》（北京：北京大學出版社，2014年二版），頁236-237。

（1855-1930）[10]《明粵東遺民錄》、《宋東莞遺民錄》與汪兆鏞（1861-1939）[11]《元廣東遺民錄》。

歷史上，廣東不乏遺民蹤跡，江西文氏於宋末崖山戰役後入居東莞即是一例。[12]士人對於傳述廣東相關遺民事蹟，無疑幫助各種廣東遺民錄的編纂。實際上，廣東清遺民積極搜整鄉邦遺物軼稿，除了藉此表達黍離悲思之外，更欲凝聚同鄉遺民的歷史記憶。[13]由陳伯陶《宋東莞遺民錄》、《明粵東遺民錄》與汪兆鏞《元廣東遺民錄》的編輯，可見廣東遺民對於當地事蹟的關注。

其中，又以汪兆鏞最為特別。汪兆鏞對於時人論「宋明二代主辱臣死，或躬采微之節，大義觥觥，照耀史策；元順帝國亡北奔，其時宜少忠節之士」，大感不以為然。他認為，「君臣大義，萬古常昭」，因此易代士人不能「持謬說以自解」。[14]「遺民」並不獨見於宋元、明清兩易代。因此，汪兆鏞蒐羅明初元遺民相關敘述，藉此補齊宋、元、明三朝遺民錄。另一方面，可知

---

10 陳伯陶，字像華，署名九龍真逸，廣東東莞人，光緒十八年（1892）進士。辛亥革命後，避居香港九龍，並堅持效忠清廷。詳參：法式善撰，《清秘述聞三種》（北京：中華書局，1982年），再續卷一，頁974。林志宏，《民國乃敵國也：政治文化轉型下的清遺民》（北京：中華書局，2013年），頁108。

11 汪兆鏞，字伯序，廣州番禺縣人。辛亥革命後，遷居澳門，志為清遺民。詳參：林志宏，《民國乃敵國也：政治文化轉型下的清遺民》，頁135-151。

12 Jennifer W. Jay, *A Change in Dynasties: Loyalism in Thirteenth-Century China* (Washington, Western Washington University, 1992), pp 190-192.

13 林志宏，《民國乃敵國也：政治文化轉型下的清遺民》，頁52。

14 汪兆鏞，《元廣東遺民錄》（收入中國國家圖書館古籍館編，《中國古代地方人物傳記匯編》第111冊，北京：燕山出版社，2008年），〈元廣東遺民錄序〉，頁4a。據林志宏研究，汪兆鏞所言「謬說」，實指時人的種族爭論。詳參：林志宏，《民國乃敵國也：政治文化轉型下的清遺民》，頁136。

其認為君臣大義並不因「種族」而異：若因舊朝為外族、新朝為漢族而出仕，便同為朝秦暮楚之徒。

（二）映襯簡祖英的危素

汪兆鏞《元廣東遺民錄》中，收有《元史》、《明實錄》均未載的簡祖英。簡祖英（c. 1319-?），廣州東莞人，字世英，於元末加入鄉兵。[15]廣州亂平後，明廷欲起用簡祖英為建平縣知縣，簡祖英上表力辭。他的辭表開頭即提到九歲喪父、由母獨養成長。其母在邵宗愚攻廣州時被擄，直至明軍入城才得以「母子團圓」。簡祖英雖心懷感激，但無法「違親而事主」，所以反問明太祖「安所用之」。[16]

簡祖英以奉養老母力辭，但對汪兆鏞來說，更重要的意義在於其「不仕新朝」。因此，在《元廣東遺民錄》中，汪兆鏞並未多加區辨其思考與實踐的差異。就此層面來說，汪兆鏞將簡祖英視為「元遺民」，即是以其作為「忠節高於種族爭論」的例證之一。在簡祖英的段落中，亦提及危素。據載：

---

15 簡祖英所加入的鄉兵，是由何真（1321-1388）組織。何真，字邦左，同為東莞人，至正十四年（1354）舉發縣人密謀作亂情事，但有司受賄，反被拘捕。何真逃居他處之後，率兵擊退佔據惠州的叛元將領，因此被元廷授官。至正二十二年（1362），邵宗愚（生卒年不詳）攻陷廣州城，雖被何真擊退，但又一再圍攻廣州。直至洪武元年（1368），邵宗愚才被廖永忠與歸順明廷的何真一同剿滅。詳參：張廷玉等，《明史》，卷一百三十，〈何真〉，頁3834。

16 汪兆鏞，《元廣東遺民錄》，卷上，〈簡祖英〉，頁21b-22a。

> 簡祖英，字世英，東莞人，學問賅博……時朝廷方以道德
> 風勵天下，凡元降臣，始雖榮遇終雖必擯辱，名士如危
> 素、張以寧輩皆不免。祖英之見卓哉。[17]

明初朝廷以道德勵天下，故危素便被視為元降臣而遭斥。就此看來，本段敘述筆法，已藉危素映襯凸顯簡祖英忠於故國。但最末「祖英之見卓哉」，在此似難解釋。對此，或可透過相關段落比對，瞭解情況。

據筆者搜查，本段落與晚明黃佐（1490-1566）《廣州人物傳》[18]的記載高度相似。兩者差異，在於「祖英之見卓哉」前後的片段：《元廣東遺民錄》略去「漢祖戮丁公」及後附高彬傳（附表3-1）。

實際上，黃佐《廣州人物傳》中記載的「漢祖戮丁公」[19]及高彬傳，乃「始雖榮遇終必擯辱」本意。若進一步追索《廣州人

---

[17] 汪兆鏞，《元廣東遺民錄》，卷上，〈簡祖英〉，頁21b-22a。

[18] 黃佐，字才伯，正德十六年（1521）進士，嘉靖元年（1522）選庶吉士，授編修，後因母疾歸鄉。家居多年後，再授南京翰林院編修，後遷南京國子監祭酒、少詹事等職。嘉靖四十五年（1566）卒。詳參：張廷玉等，《明史》，卷287，〈文苑三〉，頁7365-7366。

[19] 典故見於《史記·季布欒布列傳》：季布母弟丁公，為楚將。丁公為項羽逐窘高祖彭城西，短兵接，高祖急，顧丁公曰：「兩賢豈相　哉！」於是丁公引兵而還，漢王遂解去。及項王滅，丁公謁見高祖。高祖以丁公徇軍中，曰：「丁公為項王臣不忠，使項王失天下者，乃丁公也。」遂斬丁公，曰：「使後世為人臣者無效丁公！」詳參：司馬遷，《史記》（北京：中華書局，1959年），卷100，〈季布欒布列傳〉，頁2733。

物傳》與簡祖英同卷的歷史人物，[20]更能顯出此意。簡祖英被載於黃佐《廣州人物傳》第十一卷，此卷收錄善終者三人（何真、劉德、簡祖英）及未能善終者四人（張度、麥志德、黎光、彭通）。[21]也就是說，黃佐論「祖英之見卓哉」，乃認為其不因一時利誘而仕明，與張以寧、危素二人不同。這也反映仕明元舊臣不被明太祖信任，因此宦途坎坷。汪兆鏞雖然未駁斥黃佐的記載，但兩者脈絡並不相同。汪兆鏞《元廣東遺民錄》收錄人物標準為「不仕於明者」，[22]其寫作主旨在「忠節」，因此簡祖英的意義高於張以寧、危素。

特別要說的是，焦竑（1540-1620）[23]將黃佐撰寫的〈簡祖英

---

[20] 黃佐《廣州人物傳》各卷末定名，而其又於〈凡例〉言「同傳同卷皆有微意存焉」，因此需多加注意同卷人物為何。黃佐，《廣州人物傳》（收入中國國家圖書館古籍館編，《中國古代地方人物傳記匯編》，第109冊，北京：燕山出版社，2008年），〈凡例〉，頁7a。

[21] 劉德（？-1380）於元末眾率輾轉依地方守軍以避亂，入明後被授福建都轉運使，直至洪武十三年（1380）年老辭官，同年卒。張度（生卒不詳）為元末茂才，任高要縣學教諭，但因亂棄官，入明後，任監察御史，並奉命偵察「魏觀案」，最終「以小誤當獲譴，閉戶一吶，憤惋卒」。麥志德（生卒年不詳）洪武初年被薦舉為右參軍，洪武十八年（1385）任戶部侍郎，後被郭桓案所累。旁人勸麥志德上書自明，志德不敢。黎光（生卒年不詳），洪武初年被薦舉為監察御史，因得罪陳寧（初名陳亮，？-1380）而遭讒言，終卒於謫。彭通（生卒年不詳），元末隱居授徒，洪武四年被舉任給事中，後遷監察御史，終至年老歸鄉。詳參：黃佐，《廣州人物傳》，卷11，〈何真、劉德、簡祖英、張度、麥志德、黎光、彭通〉，頁4a-9b。

[22] 汪兆鏞，《元廣東遺民錄》，〈元廣東遺民錄序〉，頁4b。

[23] 焦竑，字弱侯，萬曆十七年（1589）進士，授翰林院修撰。萬曆二十二年（1594），翰林大學士陳于陛（1545-1597）建議修國史，欲以焦竑領其事，但被焦竑婉拒。萬曆二十六年（1598），焦竑因得罪不少政要，遭貶福寧州同知，隔年辭官。萬曆四十八年（1620）卒。詳參：張廷玉等，《明史》，卷288，〈文苑四〉，頁7392-7393。

傳〉收入《國朝獻徵錄‧孝行》，並略去後附高彬傳（附表3-1）。就此看來焦竑較注重簡祖英辭表，而非張以寧與危素是否善終。

　　實際上，明代中葉以後，諸多危素相關敘述中，「殉國未遂」亦為焦點，更由此反映「忠」觀念的強調。「忠」觀念的強化，與君臣關係的演變有密切關係。「忠」有「公而無私」的意義，其倫理判準在於社稷利益，而非君臣關係的要求。漢武帝時，郡縣制普遍施行，董仲舒提倡「君尊臣卑」，並強調忠有委身致命、伏節死難等內涵，使人臣的「盡忠」更為具體。時至宋代，鑑於五代不斷更替，以及君主權威提高，因此士人對忠的需求更為強烈。[24]歐陽脩《新五代史》為了表彰殉國者，另立〈死節傳〉、〈死事傳〉，助長「臨難死節」的流行。明代永樂年間，朝廷頒訂一系列理學著作，使忠孝節義思想擴及士農工商。[25]明代中期，士人著作涉及內容較前代多樣，但未沖淡「忠」的相關論述。

（三）談遷論危素「殉國未遂」

　　明代中期，書市蓬勃發展，但同時政局動盪，明廷修史未成。萬曆二十一年（1593）陳于陛（1545-1604）奏請修國史，卻因萬曆二十五年（1597）皇極門火災而止。又發生「國本之

---

[24] 劉紀曜，〈公與私—忠的倫理內涵〉，文收劉岱總主編，《中國文化新論‧思想篇二‧天道與人道》（台北：聯經出版事業公司，1982年），頁171-208。

[25] 何冠彪，《生與死：明季士大夫的抉擇》（台北：聯經出版事業股份有限公司，1997年），頁5。

爭」，以及後續妖書、梃擊等案，明廷無心修史，[26]再加上王世貞（1526-1590）《弇州山人四部稿》、焦竑（1540-1620）《國朝獻徵錄》等書籍出版，激起士人「聞風競起，著述林立」。[27]

明季史乘中，撰寫歷程既久又曲折者，為《國榷》。天啟元年（1621），談遷（1594-1658）開始撰寫《國榷》，[28]初稿成於天啟六年（1626），入清後又增補崇禎、弘光兩朝。然而，書稿完成後，卻於順治四年（1647）被竊，談遷發憤再寫。不過，第二次撰寫期間，談遷被弘文院學士朱之錫（1622-1666）聘為書記，得以至北京蒐集資料，並與吳偉業（1609-1671）等人相談史事，[29]使《國榷》更臻完善。《國榷》除了依據明列朝實錄、崇禎邸報編年敘事，亦穿插上百種私人著述。

談遷對於危素的記載，實則耐人尋味。談遷記載洪武元年（1368）徐達攻入大都城時，卻詳細補述淮王帖木兒不花（1326-1368）被殺之後，諸多「元臣」的生死抉擇。其中，擇「生」者僅危素一人。據《國榷》載，危素因寺僧說「公死，是無史

---

26 楊豔秋，《明代史學探研》（北京：人民出版社，2005年），頁139-158。

27 謝國楨，《明末清初的學風》，頁93-94。

28 謝國楨對此書頗有讚譽。他說：「明季學人，留心時事，若顧寧人之於地理，查伊璜之於史學，方密之之於哲知，無不斐然成章，具有創獲，而孺木此書，對於有明一代史事博綜典制，事以年輕，質而不俚，詳而有徵；雖僅舉朝事之大綱，未能條辨其原委，又似個人之識力有限，囿於見聞，蓋搜輯資料，後來居上，孺木纂輯之勤，已奠其基，不足為是書之累。至其詳贍博辨，足資徵信，在明季史乘中，要以此書為善。」詳參：謝國楨，《增訂晚明史籍考》（上海：華東師範大學，2011年），頁36。

29 吳晗，〈談遷和國榷〉，文收談遷著，張宗祥點校，《國榷》（北京：中華書局，1988年），書首，頁14-15。

也」，所以未投井。對此，談遷用「乃自免」三字敘說自殺未
遂，不以為然之情躍然紙上。[30]

　　《國榷》撰寫期間，除了經歷明代士人修史之頂峰，亦遭
逢明清鼎革。談遷服母喪期間，閱讀當時風行海內外的《皇明通
紀》，[31]但「陋之」，因而私自筆錄，欲撰「國史」。[32]撰寫期
間，遭逢清軍入關。此時，談遷不忍「故國史」湮滅，不僅堅持
將《國榷》修成，更搜求邸報，補入崇禎、弘光兩朝事，並自署
「江左遺民」。[33]《國榷》從「當代史」變「故國史」，談遷亦
由「當代史家」轉為「故國遺民」。儘管談遷欲存「故國史」，
仍將危素「乃自免」的敘述，置於諸多殉國元臣之後，藉以映襯
兩者差異，可見其始終無法認同危素的「擇生」。

（四）晚明士人的批評

　　談遷敘述諸多元臣生死之後，便摘引各家士人評論，其中
一條即摘自姜南（生卒年不詳）《蓉塘詩話》。據現今研究者

---

[30] 談遷著，張宗祥點校，《國榷》，卷三，頁369。
[31] 明廷曾禁《皇明通紀》，但沒有實際效用，反倒促其聲名大噪，激發續、增補等
相關著作叢出，更傳至朝鮮，使朝鮮君臣皆讀之，時至清初仍如此。但因《皇
明通紀》誤載朝鮮史事，故於英祖四十七年（乾隆三十六年，1771年），朝鮮
請求清廷禁燬。關於《皇明通紀》增、續補情形，詳參：謝國楨，《增訂晚明
史籍考》，頁37-40。關於《皇明通紀》流傳朝鮮及後續情況，詳參：孫衛國，
〈《皇明通紀》及其續補諸書對朝鮮之影響〉，《中國史研究》，2009：2（北
京），頁157-176。
[32] 談遷著，張宗祥點校，《國榷》，書首，〈義例〉，頁8。
[33] 吳晗，〈談遷和國榷〉，文收談遷著，張宗祥點校，《國榷》（北京：中華書
局，1988年），書首，頁3。

統計，《國榷》所摘引的著作人數為257、總引用條數為1340。其中，以何喬遠97條最多，姜南僅佔2條，[34]可見此段評論之特殊。姜南論：

> 忠義者，人臣之大閑也。吾盡吾之節而已，遑恤其他。史書者，天下之公論也，一人不記，天下必有記之者，何必以此藉口而為偷生之階乎？[35]

姜南以「殉國」為評判標準，可見其「忠」觀較為狹隘，亦反映此時士人以嚴格的態度看待危素的易代生死抉擇。

明人除了基於「忠」的要求，批評危素的未殉國之外，亦有從未死的後果，析論士人的「應死之時」，如陳汝錡（生卒年不詳）在《甘露園短書》寫道：

> 明帝奪國，王晏與之，弟思遠勸其引決⋯⋯既拜驃騎，【王晏】罵曰：「阿戎每勸吾自裁，果從其言，豈有今日？」思遠曰：「阿戎所見，猶未晚已。」⋯⋯晏遂至【致】殺身而覆其族⋯⋯元危素仕至參知。天兵定燕都，

---

34 金澤中，《明清之際在野知識份子的歷史意識－以談遷《國榷》為中心－》（台北：國立臺灣師範大學歷史研究所博士論文，1989年），頁92-96。

35 姜南，《蓉塘詩話》，收入《續修四庫全書》第1696-1697冊（上海：上海古籍出版社，2002年，據明嘉靖二十二年張氏刻本影印），卷之二，〈藉口國史〉，頁9b。

素奮身投井中，寺僧挽之出。為高廟所鄙，謫和州，憂懼
而死。……死之不可緩也如是。[36]

陳汝錡認為，應死卻未死者，遲早招致喪生之禍，故倒不如「及
時死」。在此，危素已被視為「應死卻未死者」，無論其未死的
理由為何。

《蓉塘詩話》、《甘露園短書》作者生平、成書背景及年
代，目前難以查考，無法完整拼湊士論立場。不過，若這類「小
儒」評論危素應死，加上談遷藉此論其「自免」未死，反映批判
論調具有某種程度的影響力。

綜上所述，藉由〈簡祖英傳〉的敘述及其歸類，可知明人雖
然將危素視為「負面人物」，但不見得關注其「晚節不終」。在
《國榷》、《蓉塘詩話》等撰述中，危素「殉國未遂」亦飽受訾
議。對於危素易代抉擇，明代士人大抵較直覺認為，國變之際應
死而非生，以免後續遭鄙夷，又或心生憂懼。在其筆下的憂懼，
則與長久以來「忠」觀念強調臨難死節、委身致命有關，並已假
設危素應有同等觀念，卻未能堅守。

飽受訾議的危素，歷史評價看似不佳，但相同事蹟、類似敘

---

[36] 陳汝錡，《甘露園短書》（收入《四庫全書存目叢書》，第87冊，台南：莊嚴文
化出版公司，1995年，據明萬曆三十八年陳邦瞻刻清康熙六年劉愿人重修本影
印），卷六，〈死〉，頁14b-15a。

述，卻在不同史著中，有截然不同的詮釋。接著，將分析何喬遠（1558-1631）、張岱（1597-1679）如何看待危素。

第二節 「國史」與「故國史」：
何喬遠與張岱論危素

　　萬曆二十五年（1597），皇極門火災使「國史」修纂停擺。後續諸案叢出，更使明廷無心修史。何喬遠（1558-1631）[37]見此況，「發憤盡氣，編摩數十年」，遂成書，但不敢冒名「國史」，又忌憚明廷史局乖舛，故不以「史」稱之，而稱《名山藏》。《名山藏》體例極為特殊，全書未立「傳」，有〈典謨〉、〈坤則〉等三十七「記」。此書撰成後，迨崇禎十三年（1640）才由其子刊刻。[38]出版後風行海內，但因〈臣林記〉、〈王享記〉涉及明廷與後金對峙事蹟，故於乾隆四十二年（1777）被列禁燬。[39]

　　除了撰述體例與諸書相異之外，何喬遠對人物的評價亦有其

---

[37] 何喬遠，字稚孝，號匪莪，福建晉江人，萬曆十四年（1586）進士，授刑部雲南司主事，後轉任禮部精膳司員外郎、儀制司郎中。萬曆二十二年（1596）因事貶廣西布政司經歷，隔年辭歸。鄉居期間，始撰《名山藏》。泰昌元年（1620年），明光宗召為光祿寺少卿，九年後（1629）再度辭歸。崇禎四年（1632）卒於家。詳參：何喬遠撰，商傳等點校，《名山藏》（福建：福建人民出版社，2010年），書首，〈點校前言〉，頁1-2。

[38] 錢謙益，〈名山藏序〉，文收何喬遠撰，商傳等點校，《名山藏》（福建：福建人民出版社，2010年），卷首，頁1-2。

[39] 中國第一歷史檔案館編，《纂修四庫全書檔案》（上海：上海古籍出版社，1997年），〈四一〇 江西巡撫海成奏遵旨陳明前進書籍應存應領情形摺〉，頁643。

灼見，前節所論的簡祖英即為一例。《名山藏》中，簡祖英不再與危素、張以寧並談。而被視為隱居不仕者，與蔡子英、伯顏子中同列〈俘賢記〉。[40]關於此記要旨，何喬遠論曰：

> 右俘賢三人，不列於元史，幾佚其名。太祖出而全之，抑何大也，而風示遠矣。[41]

換句話說，《名山藏》所載簡祖英，其敘述重點在於明太祖全三人之志，而不是「祖英之見卓哉」。[42]那麼，何喬遠又如何評論危素？

特別要注意的是，《名山藏・危素傳》與諸家論著的敘述相同，但記載類別卻非常不同。危素被獨立載於〈臣林記〉。據何喬遠門人言：「讀臣林諸子，可進君子；讀雜林諸記，可退小人。」[43]就此看來，危素不再是映襯簡祖英的「負面人物」，甚

---

40 〈俘賢記〉僅收三人：蔡子英、伯顏子中、簡祖英（附高彬）。蔡子英於明初被湯和械送至南京，其堅決不仕。後因蔡子英哭憶故君，明太祖便敕送其出塞。伯顏子中（？-1379），其先西域人，後因其祖父仕江西而舉家遷居。元末兵馬倥傯之際，伯顏子中因功被授福建行省郎中，後率兵助何真擊退邵宗愚，卻恰遇何真降廖永忠。因此，伯顏子中「跳墜馬，求死不得，自折一足」，廖永忠便「義而舍之」。但伯顏子中仍被明太祖徵聘，因此其在使者到居所時，飲鴆自殺。詳參：何喬遠著，商傳、張德信、王熹點校，《名山藏》，卷91，〈俘賢記〉，頁2665-2667。

41 何喬遠著，商傳、張德信、王熹點校，《名山藏》，卷91，〈俘賢記〉，頁2668。

42 黃佐，《廣州人物傳》，卷11，〈簡祖英〉，頁6a。

43 李建泰，〈名山藏序〉，文收何喬遠著，商傳、張德信、王熹點校，《名山藏》，卷首，頁4。

至為君子典範。進一步探究何氏史論，更能讀出此種意欲。何喬遠說：

> 蔡邕被收，請黥首刖足，繼成《漢史》。古人重史如此哉。以身博【傳】史，則畏史官者邪？危素來歸，首尾不三年，竟卒謫所。悲夫！名亦不載於元史，是以記之。[44]

蔡邕（133-192）為東漢末年人，於董卓（138-192）死後被執，曾向當權者乞活，願受黥首、刖足，欲撰成《漢史》，但卒於獄中。對此，東漢經學家鄭玄（127-200）感嘆說：「漢世之事，誰與正之」。[45]對何喬遠來說，危素「殉國未遂」就如蔡邕「乞活」，皆為「存國史」，而兩者亦未有好下場。不過，綜觀嘉靖至崇禎朝相關敘述，僅《名山藏》如此評論危素，或許何喬遠欲藉危素、蔡邕的事例，反諷明廷大案屢發、無心撰史。

　　這段史論被張岱（1597-1689）抄至《石匱書》中。張岱生

---

44 何喬遠著，商傳、張德信、王熹點校，《名山藏》，卷59，〈臣林記〉，頁1565。

45 東漢末年，蔡邕（133-192）得罪漢靈帝內寵，遂隱，後因董卓（138-192）脅迫，再度出仕。董卓被王允（137-192）謀殺之後，蔡邕仍感懷其知遇之恩。對此，王允怒斥說：「董卓國之大賊，幾傾漢室。君為王臣，所宜同忿，而懷其私遇，以忘大節！今天誅有罪，而反相傷痛，豈不共為逆哉？」蔡邕乞活，願受黥首、刖足，欲撰成《漢史》。此際，太尉馬日磾（？-194）力勸，他說：「伯喈曠世逸才，多識漢事，當續成後史，為一代大典。且忠孝素著，而所坐無名，誅之無乃失人望乎？」王允回曰：「昔武帝不殺司馬遷，使作謗書，流於後世。方今國祚中衰，神器不固，不可令佞臣執筆在幼主左右。既無益聖德，復使吾黨蒙其訕議。」最後，蔡邕卒於獄中。詳參：范曄，《後漢書》（北京：中華書局，1965年），卷六十下，〈蔡邕列傳〉，頁1979-2008。

長於書香世家，自幼手不釋卷，但未汲汲營營於科舉，而是縱情遊樂，直至明清易代。順治二年（1645），魯王宣布「監國」。張岱欲貢獻一己之力，曾上疏請斬馬士英（c.1591-1646），未果，後來遭逼勒助餉、兒子被縛，便盡棄家產出逃。[46]

張岱遭逢國破家亡，避居山林，「布衣蔬食，常至斷炊」，與過往生活對照，恍如隔世，[47]故有「繁華靡麗，過眼皆空，五十年來，總成一夢」之感，便藉《陶庵夢憶》、《西湖夢尋》追憶過往。常欲引決，但因《石匱書》未成而罷。[48]《石匱書》始撰於崇禎元年（1628），記載洪武至天啟史事，後來張岱得見谷應泰攢集的資料，又再撰《石匱書後集》，記載崇禎、南明事蹟。

張岱《石匱書》始撰之時，約與《古今義烈傳》的成書同時。《古今義烈傳》撰寫歷時約十年，全書旨在推崇「義」。他認為，人臣蹈死雖為忠，但僅為守節，並非最高的「義」。另外，若非為明君而死，則有「蔡邕哭董卓」之譏，未可稱「義」。[49]實際上，張岱在《石匱書‧義人列傳》中，對「義」有進一步申論。他說：

---

[46] 史景遷（Jonathan D. Spence）著，溫洽溢譯，《前朝夢憶：張岱的浮華與蒼涼》（台北：時報文化出版，2009年），頁127-194。

[47] 張岱著，夏咸淳輯校，《張岱詩文集》（上海：上海古籍出版社，2014年），文集卷五，〈自為墓志銘〉，頁373。

[48] 張岱著，夏咸淳輯校，《張岱詩文集》（上海：上海古籍出版社，2014年），文集卷一，〈夢憶序〉，頁196。

[49] 王成勉，《氣節與變節：明末清初士人的處境與抉擇》（台北：黎明文化事業，2012年），頁152-154。

夫忠臣死忠，孝子死孝，二者天下之正道也。乃於死忠死孝之外，而又有所謂死義。夫義者，可以死，可以無死者也。可以無死，雖不死，而人不得責之以必死；可以死，能拼一死，而世界又不可少此一死，故謂之義也。[50]

明清易代士人對忠節的重視，除了反映在大量的殉國人數之外，亦展現於「生死論」。有些士人見國勢危殆，無奈獨木難支，只得一死報國。然而，殉國者中，卻不乏懼怕受辱，甚至逃避責任者。因此，士人進一步分析各種殉國情況。[51]張岱亦注重「死」，將之分為死忠、死孝、死義。其中，死義為「不可少此一死」，合「義」之生又須「人不得責之以必死」，斟酌不易。因此，他接著說：

余一生受義之累，家以此亡，身以此困，八口以此饑寒，一生以此貧賤，所欠者但有一死耳。然余之不死，非不能死也，以死而為無益之死，故不死也。以死為無益而不死，則是不能死，而竊欲自附於能死之中，能不死而更欲超出於不能死之上，千魔萬難，備受熟嘗。[52]

---

50 張岱著，欒保群點校，《石匱論贊》（北京：故宮出版社，2014年），〈義人列傳總論〉，頁160。
51 何冠彪，《生與死：明季士大夫的抉擇》，頁41-56。
52 張岱著，欒保群點校，《石匱論贊》，〈義人列傳總論〉，頁160。

張岱在拿捏「不可少之死」與「不責以必死」的同時，亦使自己免於「不義」的批評，因為擇生亦可合「義」。但其為了合「義」，遭遇饑寒、貧賤，而倍感「千魔萬難」。

明清易代士人特重「死」與「不死」。關於「死」，士論分疏「死社稷」、「死封疆」、「死城守」三種「不得不死」。針對崇禎朝與南明朝臣，又有「死多門」：死於黨爭、流言、誣告等。據士人對諸多死的記載，赴死者往往「舉義而死」，基於澄清自我，又或宣示己志。不過，無論是士人的記載或赴死者，皆有各種不同的「義」。[53]如此看來，張岱將「義」訴諸士論，反使「不可少此一死」、「人不得責之以必死」難以界定。

除了「死而為無益之死，故不死」之外，亦有個人因素而不殉國者，陳確即是一例。陳確曾考慮殉國，但因「母老」，而選擇不死、不抗清。同時，他特別推崇「能死」者。順治三年（1646），清廷推行「薙髮令」，迫使陳確再次面對生死抉擇。基於「身體髮膚，受之父母」的想法，又不欲比母早亡，所以敬齋請命於顯考。最後，陳確獲得先父同意，順利解決薙髮與生存的問題。[54]

未殉國之臣當如何生，張岱撰〈勝國遺臣列傳〉，試從中尋求解答。其中，張岱亦收簡祖英。考究簡祖英敘述脈絡，在黃佐

---

[53] 趙園，《明清之際士大夫研究》（北京：北京大學出版社，2014年6月第二版），頁28-36。

[54] 何冠彪，《生與死：明季士大夫的抉擇》（台北：聯經出版事業，2005年），頁237-241。

《廣州人物傳》中，藉簡祖英反映明太祖對仕明元臣的猜忌；在焦竑《國朝獻徵錄》中，注重其孝；在《石匱書》中，則與元遺民楊維楨（1269-1370）同列，收入〈勝國遺臣列傳〉。張岱撰〈勝國遺臣列傳總論〉之外，更針對〈簡祖英傳〉論贊。他說：

> 人臣委贄事君，猶之女已嫁夫，斷難再醮。即有所懊恨不得於心，亦棄之無可奈何也已矣……簡祖英之死認元臣，力辭明職，其所自處，明白昭著，與危素、詹同相去遠矣。[55]

換句話說，即便人臣不殉國，也應如簡祖英不仕二朝。與之相對，則是危素、詹同。張岱對於危素的評價，躍然紙上。

除了「遺臣」之外，張岱亦為明初「歸附者」立傳。此傳收錄人物據其評價高低，依序為：何真、王弼、單安仁、詹同、吳琳、康茂才、危素，旨在反映「勝國諸臣之歸附者不一，而太祖之待之者亦不一」。[56]此七人可分為四類：直接歸附、受召而出、兵敗歸降、可無歸卻走謁。「直接歸附」者，有何真（1322-1388）、王弼（?-1393）、單安仁（1303-1387）。此三人

---

55 張岱，《石匱書》（收入《續修四庫全書》，第318-320冊，上海：上海古籍出版社，2002年，據南京圖書館藏稿本影印），卷217，〈勝國遺臣列傳〉，頁12a。
56 張岱，《石匱書》，卷66，〈何、康、王、單、詹、吳、危列傳〉，頁12b-13a。

於元末聚兵保衛鄉里，但皆未與朱元璋有軍事衝突，直接率兵歸降。「受召而出」者，有詹同、吳琳（?-1374）。詹同為元末名士，曾任郴州學正，後歸附陳友諒，任翰林學士。至正二十三年（1363），朱元璋擊敗陳友諒後，徵「荊楚名儒」，聘詹同為國子博士、吳琳為國子監助教。「兵敗歸降」者，為康茂才（1313-1370）。康茂才亦於元末聚兵，因擊退流寇，元廷授都元帥。朱元璋曾攻康茂才之寨，茂才力戰不支而降。至於危素，則被批評「叮無歸卻走謁」，置於本傳之末。[57]

雖然張岱為「歸附者」立傳，主要反映明太祖對待遺臣的態度，但未加以批判。不過，〈開國死事列傳〉總論中，張岱除了宣揚赴死者之忠義，更強調明太祖的作為。他說：

> 自古忠義之士，其死必慘必酷。而每當國破家亡，不少概見者，猶之敲石出火，而恃有薪焉以傳之也。蓋忠義之根本，其蘊崇必自開國，而往往於勝國借其種焉。我太祖之葬余闕、祠李黻是矣，乃又封閭蔭子，老臣危素使守余闕……是以草昧開天，死事接踵，至草除而大獲其報矣。文皇殺戮忠義，草薙瓜蔓，村社為墟，種子已絕矣！[58]

專為明初開國死事立傳者，僅張岱一人。清代錢謙益以降

---

[57] 張岱，《石匱書》，卷66，〈何、康、王、單、詹、吳、危列傳〉，頁1a-12b。
[58] 張岱，《石匱書》，〈開國死事列傳〉，頁15b-16a。

的「明初論述」，多以「明初文人多不仕」立論。[59]相較於明太祖求賢若渴，明初士人則隱遁山林。[60]但這不代表元明之際無死事。蕭啟慶（1937-2012）針對蒙古、色目士人於元明易代的反應，分為忠義、北還、貳臣、遺民。遺民又有「激烈型」，因拒明廷徵召，選擇自殺。[61]

在〈開國死事列傳〉總論中，提及明太祖尊崇忠臣余闕、李黻，以及令危素守余闕廟，是根植忠義的作為。[62]而忠義的基礎，又是建立於元末戰事之上，故曰「於勝國借其種焉」。然而，明成祖發動靖難後的「瓜蔓抄」，無疑刨除明太祖所植的忠義。就此看來，張岱將明清易代缺乏忠義之士，歸咎明成祖之靖難。另一方面，又可見其對明成祖深感不以為然。

實際考察〈開國死事列傳〉的撰寫，便會發現張岱透過宣揚朱元璋麾下軍士「赴死」，凸顯明成祖靖難之惡。〈開國死事列傳〉收錄十四人，於對陣時身亡者，為桑世傑（?-1358）、宋國興（生卒年不詳）、韓成（?-1363）。元末時，桑世傑結水寨於

---

[59] 趙翼，《廿二史札記》（北京：中華書局，1972年），卷32，〈明初文人多不仕〉，頁741。

[60] 錢穆，〈讀明初開國諸臣詩文集〉，《中國學術思想史論叢（六）》，頁128-130。

[61] 關於激烈型遺民，蕭啟慶以伯顏子中、王翰為例。詳參：蕭啟慶，〈元明之際的蒙古色目遺民〉，文收氏著，《元朝史新論》（台北：允晨文化實業股份有限公司，1999年），頁128-135。

[62] 余闕，唐兀人，曾與危素同修《宋史》，後以淮南行省左丞守安慶，至正十八年（1358）城破殉國。朱元璋佔領安慶後，便為余闕立廟。晚明以來，多有士人認為危素晚年謫守余闕廟，並將之解釋為朱元璋凸顯忠義之舉。詳細情形，將於第四章分析。有關余闕事略，詳參：宋濂等，《元史》（北京：中華書局，1997年），卷143，〈余闕〉，頁3426-3429。

巢湖，後歸順朱元璋。曾破元朝水軍，並隨朱元璋攻江陰、宜興等地。之後，桑世傑受命攻擊張士誠（1321-1367）水軍，但戰敗而死，故朱元璋追封其為永義侯，侑享太廟。[63]張岱評論說：

> 英雄草創，高祖未及成王，而遽以死殉，何諸將軍之勇而決哉！高祖詔曰：「朕起臨濠，濟大江，以除禍亂。每念諸將相從戮力，有捐軀建功未食其報者，朕甚痛之。人誰無死，若諸將軍生著忠勇，死而廟食，亦可謂不朽矣！」得高祖一言，而諸將死乎？不死乎？[64]

將士願捐軀，即是因為朱元璋厚待之。此外，更有宋國興、韓成二人，自願代朱元璋死。關於宋國興的生平，不僅《元史》未載，張岱僅詳述其代朱元璋死一事。朱元璋與陳埜先（？-1355）對戰，朱氏軍隊幾乎敗亡之際，宋國興自告奮勇為先鋒，朱元璋便賜宋國興「白龍袍」。宋國興攻入敵方軍陣時被執，後因其身穿「白龍袍」，被誤認為朱元璋而死。[65]韓成，生平不詳，亦代朱元璋死。至正二十三年（1363），朱元璋與陳友諒對戰於鄱陽湖。戰事膠著之際，諸將無計策，而韓成自願佯作朱元璋欺敵。之後，韓成身穿朱元璋袍、冕，前去陳友諒軍帳和談。

---

[63] 張岱，《石匱書》，卷68，〈開國死事列傳〉，頁1b-2a。
[64] 張岱，《石匱書》，卷68，〈開國死事列傳〉，頁2ab。
[65] 張岱，《石匱書》，卷68，〈開國死事列傳〉，頁1ab。

談畢，敵軍將韓成丟入湖中，並高呼萬歲。此時，常遇春從旁突襲，陳友諒中箭而死。[66]

危急存亡之際，宋國興與韓成及時捐軀，使朱元璋得以扭轉劣勢。張岱認為，是朱元璋厚待將士所致。關於兩人死事，張岱說：

> 紀信誑楚而不得一封，高帝錄鄱陽死事，而首取韓成，其於漢德厚且遠矣，然人知誑楚者有韓成，而不知誑元者猶有宋國興，搜隱表微，而名乃獨佚。則是同一紀信也，或以封，或不免於洴澼絖，則其所遇真有幸有不幸矣！[67]

紀信（?-204BC）扮劉邦向西楚詐降而死，然其未得封，而名流後世。朱元璋紀錄鄱陽湖之戰死事，以韓成為首，可見「於漢德厚且遠矣」。然而，紀信、韓成之名得以流傳，但宋國興卻不見於《元史》。同樣代其君死，際遇卻大不同。張岱不僅感慨「所遇真有幸有不幸」，乃為宋國興立傳，並言「史其不可書耶？」[68]

---

[66] 張岱，《石匱書》，卷68，〈開國死事列傳〉，頁10ab。關於韓成代朱元璋死一事，真實性存疑。據《明太祖實錄》載，至正二十三年（1363）鄱陽湖戰役之初，朱元璋水軍被砲擊沉二十餘艘，韓成溺死，朱元璋則趁隙乘快船逃脫。詳參：《明太祖實錄》（台北：中央研究院，1966年），卷12，「丙戌陳友諒圍洪都」條，頁157-159。

[67] 張岱，《石匱書》，卷68，〈開國死事列傳〉，頁11ab。

[68] 張岱，《石匱書》，卷68，〈開國死事列傳〉，頁1b。

論述至此，可歸納三點。其一，危素不僅與簡祖英相去甚遠，更被張岱批評「可無歸卻走謁」，乃「勝國諸臣歸附者」之最劣者。因此，危素不僅不被明太祖厚待，更被命守余闕廟。在〈開國死事列傳〉總論中，「危素守余闕廟」與明太祖尊崇元末忠臣並提，可見張岱認為兩者皆有根植忠義的意義。由此可知，危素在此具有映襯作用。其二，張岱認為，朱元璋厚待將士、尊崇忠義，無疑為明朝奠基。但立國之基卻被明成祖摧毀，乃致國危時少見忠義之士。也就是說，張岱透過明朝開國捐軀將士，映襯「文皇殺戮忠義」之禍害。其三，〈開國死事列傳〉及其總論中，張岱並未賦予明成祖與危素正面歷史評價。然而，張岱在〈何、康、土、單、詹、吳、危列傳〉中，卻又摘抄《名山藏》段落，論危素為「存國史」而「殉國未遂」，就如蔡邕「乞活」。換句話說，張岱《石匱書》所載危素，同時存有「批評」與「讚揚」論調。

　　張岱在〈靖難功臣侯者世表敘〉中，進一步批評靖難對明朝的殘害。靖難之後，明成祖所封功臣中，多有建文朝舊臣。明成祖對於這些舊臣的態度，不免「每多危素之疑」。[69]因此，張岱又在〈靖難功臣侯者世表〉總論中，批評「朝受命而夕投誠」者，「其何以鬼見讓帝乎」。[70]由此可見，張岱認為，出仕建文

[69] 張岱，《石匱書》，卷20，〈靖難功臣侯者世表敘〉，頁1ab。
[70] 張岱，《石匱書》，卷20，頁29a。關於「朝受命而夕投誠」者，張岱即以張信（?-1444年）為例。明惠帝曾密敕張信擒朱棣。張信憂懼，詢問其母。其母大驚曰：「不可。汝父每言王氣在燕。汝無妄舉，滅家族。」後來，張信私下通報朱

永樂二朝者的處境，就如危素。不僅未能實踐忠義，更不被君主所信任。那麼，張岱摘抄《名山藏》對危素的評論，又該如何解釋？危素「以身傳史」是否與張岱「可無歸卻走謁」矛盾？

對此，張岱雖未明確解釋，但應非撰寫失誤，亦並未產生矛盾。若以君主立場，便有批評危素的論調。若以危素個人立場來說，其決定「乞活」時，便「以身傳史」、承擔一切後果之覺悟。雖然危素未能殉死，但張岱又頗能理解為存史而活的意念。張岱撰寫《石匱書》時，備感為史之艱辛。他說：「有明一代，國史失誣，家史失諛，野史失臆，故以二百八十二年總成一誣妄世界」，[71] 但有幸其未登仕版，得以事必求真。因此，他雖然自謙「不能為史」，但又認為「不得不為其所不能為」。儘管明清易代時，危素史著早已亡佚，但其「乞活」存史，正可為張岱所效法。

雖然危素未能殉死，但張岱又能理解其為存史而活，故兩種看似矛盾的歷史評價，同存於《石匱書》之中。然而，張岱摘抄《名山藏・臣林記》對危素的評論時，卻將危素與「開國歸附者」同列。兩者記載之間，經歷敘述脈絡變化，亦反映意義差別：何喬遠欲藉危素、蔡邕的事例，反諷明廷無心撰史；張岱則欲藉危素，彰顯自身存故國史之志。換句話說，儘管危素乞活為

棣，使朱棣與姚廣孝等人策謀起兵。詳參：張廷玉等，《明史》，卷146，〈張信〉，頁4105。

[71] 張岱撰，夏咸淳輯校，《張岱詩文集》（上海：上海古籍出版社，2014年），文集卷一，〈石匱書自序〉，頁183-184。

存史，但對何喬遠與張岱二人來說，其意義從「諷刺時事」轉為
「自抒己志」。

第三節　邑志如國史：地方志的存史相關敘述

　　明代中期以後的士人，對於危素晚年生命歷程，有各種不同
詮釋。雖然未必全面關注危素晚節不終，但透過簡祖英傳記的筆
法分析，以及談遷、姜南的相關評論，皆能顯出大部分士人的負
面態度。在這樣的情況下，何喬遠、張岱因自身撰史經歷，認同
危素因「存史」而殉國未遂。不過，若耙梳《金谿縣志》及《含
山縣志》，亦可發現以危素「存史」為基調的敘述。

（一）《含山縣志》所載危素

　　據《明太祖實錄》載，危素於洪武四年（1371）年，遭御史
彈劾，貶至和州含山縣，隔年卒於寓舍。[72]康熙《含山縣志》，
收有戴重（?-1646）[73]《河村集》〈危太樸墓〉一文。[74]此文於崇

---

[72]　《明太祖實錄》（台北：國立中央研究院歷史語言研究所，1966年），卷71，頁
　　　1323-1324。

[73]　戴重，字敬夫，和州人。詳參：戴重，《河村集》（收入《四庫禁燬書叢刊》，
　　　集部第11冊，北京：北京出版社，1997年，據中國科學院藏清鈔本影印），書
　　　首，〈推官戴公傳〉，頁1上。

[74]　此版《含山縣志》為鈔本，據書前序，得知此本成書於康熙二十三年（1684）。
　　　另據〈凡例〉，《含山縣志》最早輯於嘉靖三十四年（1555），順治六年（1649
　　　年）增修，然此兩版目前筆者未能得見。據筆者搜查，目前較易取得《含山縣
　　　志》，為康熙鈔本及乾隆十三年刊本。詳參：趙燦修、唐庭伯纂，《[康熙]含山

禎二年（1629）撰，據載：

> 危太樸放居和州，未幾，自經死，葬含山東門外，後二百
> 年已失所。在會縣治河，乃見夢於令曰：「我危素也。明
> 日將壞我宅，惟公其仁之。」令識其衣冠儼然，諾焉。明
> 日，果掘及墓，衣骨俱朽，惟棺之前和赤漆如新，旁有志
> 銘，不記姓名。令乃具衣冠改葬之，識其處。太樸博雅之
> 儒，遭時不然，自傷其才，徒欲成元史耳。卒抑鬱以死，
> 宜目之不瞑也。[75]

戴重謂危素貶謫後自殺，葬於含山縣東門外，此說未與其他史料
相符，後續托夢故事亦然。戴重將之解釋「欲成《元史》」、
「卒抑鬱以死，宜目之不瞑也」，可見其對於危素的態度，與張
岱、何喬遠相似。

　　雖然戴重未進一步敘寫，早年經歷也不甚明瞭，無法得知
是否欲藉此自抒己志，但或許危素激起他保存一邑之志的意念。
崇禎十六年（1643），參與纂修《和州志》，撰〈修和州志徵書
啟〉。他表示，自身因家貧而無藏書可稽考，又認為巷議傳聞不

縣志》（收入《中國地方志集成》，安徽府縣志輯，第6冊，南京：江蘇古籍出
版社，1998，據清康熙二十三年鈔本影印），〈含山縣志序〉，頁5a。趙燦修、
唐庭伯纂，《[康熙]含山縣志》，〈凡例〉，頁1a。
[75] 戴重，《河村集》，卷三，〈危太樸墓〉，頁34上。

足以為憑，故向外求書修志，藉以「實國家文獻」。[76]隔年，戴重任湖州推官，不久，崇禎帝自縊。一年多後，李自成（1606-1645）兵敗，清軍攻湖州，湖州守軍投降。戴重與太湖義兵堅持抗敵，幾度收復湖州，但後來戰況失利，身受創傷，遂絕食而死，其子將遺稿輯成《河村集》。[77]

　　在乾隆十三年（1748）《含山縣志》中，已未能得見此文。[78]若考慮乾隆初年相較和緩的政治氛圍，[79]此文移除的原因，或許是因為方志纂修者認為此事無稽。另外，戴重〈危太樸墓〉原載於氏著《河村集》。乾隆四十四年（1779），兩江總督薩載（?-1786）查獲《河村集》，認為此書記載違礙，語句狂誕，應銷燬。[80]因此，戴重〈危太樸墓〉無法廣傳。

（二）王有年論危素

　　《金谿縣志》的危素相關記載，歷程較為乖舛。永樂《金谿縣志》收有危素，但嘉靖年間重修時，將之刪除，直至康熙

---

[76] 戴重，《河村集》，卷三，〈修和州志徵書啟〉，頁34下-35上。

[77] 戴重，《河村集》，書首，〈推官戴公傳〉，頁3下-4下。

[78] 此版《含山縣志》收有康熙版序言，故可確定此兩版應有相關。詳見：梁棟修，張大于纂，《[乾隆]含山縣志》（收入《中國方志叢書》，華中地方，安徽省，第637號，台北：成文出版社，1995年，據清乾隆十三年刊本影印），〈原序〉，頁1a-18b。

[79] 乾隆元年（1736）至乾隆十六年（1751）之間，文字獄案僅兩起，政治氛圍較和緩。詳參：葉高樹，《清朝前期的文化政策》（台北：稻鄉出版社，2009年），頁257。

[80] 中國第一歷史檔案館編，《纂修四庫全書檔案》，〈六三六　兩江總督薩載奏續解《九籥集》等違礙書籍板片〉，頁1068、1073。

二十一年（1682）補入。[81]康熙《金谿縣志》書首收有永樂十九年（1421）、嘉靖六年（1527）〈金谿縣志序〉。永樂十九年（1421）〈金谿縣志序〉提及危素以文章著名，[82]嘉靖六年則無。嘉靖《金谿縣志》修纂者未解釋刪除原因，僅言「去其不當載者，補其不當闕者」。[83]那麼，為何康熙《金谿縣志》又將危素補入？

若先瞭解康熙《金谿縣志》纂修者王有年，或可從中尋求解釋。王有年生卒年不詳，存於明清之際，為清初進士（年份未詳），擅山水畫。[84]特別要注意的是，王有年《缺壺編文》於乾隆四十七年（1782）遭禁燬，因其中〈書元史後〉有乖違字句。[85]所指「乖違字句」，為王有年實際查考諸史關於「辮髮」記載。他說：

> 金元之俗，皆辮髮也。及入中國，或從本俗，或從漢俗，或命漢人從其俗，史未明言。……《宋史・忠義傳》載李

---

[81] 王有年修纂，《[康熙]金谿縣志》（收入中國科學院圖書館選編，《稀見中國地方志彙刊》，第29冊，北京：中國書店，1992年，據康熙二十一年刊本影印），凡例，3a。

[82] 王有年修纂，《[康熙]金谿縣志》，〈金谿縣志原序〉，1b。

[83] 王有年修纂，《[康熙]金谿縣志》，〈金谿縣志原序〉，4a。

[84] 臧勵龢主編，《中國人名大辭典》（上海：商務印書館，1984年二刷），頁90。其名附於張庚，《國朝畫徵錄》（收入中國書畫研究資料社編，《畫史叢書》第三冊，台北：文史哲出版社重排校版，1974年），卷上，頁23a。

[85] 中國第一歷史檔案館編，《纂修四庫全書檔案》（上海：上海古籍出版社，1997年），八五七，〈閩浙總督陳輝祖奏繳應禁書籍摺〉，頁1528。

邈守真定，城破，金人迫邈被髮左衽。邈憤詆毀甚力，遂遇害。又吳人郭元邁，以上舍應募副魏，可行使金，不肯髡髮，亦被殺。[86]

他以李邈（?~c. 1125）、郭元邁（?~1136）不願變髮服就範，為外族人進中國迫漢人例證。《元史》成書倉促，亦非最浩繁官修史著。既然「史未明言」，又何故特意論「髮服」？或應與清廷推動薙髮令關係甚大。他更進一步論：

元之圍汴也，崔立□諸臣投降，蒲察琦不肯改易巾幘而死。……是其初政剃髮之嚴如此。然文、謝被執，未聞破其易服，豈其後令遽止，遂從民變耶？又如鄭所南坐不北向，聞操北音者，□之而走。謝皋羽吾子行狷介不下所南，豈肯低頭就髡者，而皆游處自如，必不強民從俗可知也。[87]

儘管外族初入主中國時，較強力推動易髮，但文天祥（1236~1283）、謝枋得（1226~1289）、鄭思肖（1241~1318）、謝皋羽（1249~1295）等人更未因此順從，故不應強迫。然而，對於清

---

86 王有年，《缺壺編文集》（收入《清代詩文集彙編》，第75冊，上海：上海古籍出版社，2010年，據清康熙硯山樓刻本），卷下書後〈書元史後〉，頁25a。
87 王有年，《缺壺編文集》，卷下書後〈書元史後〉，頁25b。

廷來說，薙髮令有政治意味，王有年此論不僅批評時政，更合理化遺民的不從。到文化統治更為緊縮的乾隆朝，無怪被視「乖違」。不過，王有年文集中，收有〈閩小記序〉，顯示其與周亮工（1612~1672）甚有私交，[88]這點未被四庫館臣提出。

雖然王有年未對鼎革出處申論，但對於自身經歷仍有所感慨。儘管他曾遭寇亂刀砍傷、墜樓、患重病，但皆未死，這使他更欲勤勉於「不死之道」，欲為世間盡一己之力。[89]

明清鼎革動盪之際，金谿縣亦不可免。為此，王有年特撰《谿亂志》，一方面自身為金谿縣人，「在谿言谿」，不欲故鄉記載缺漏，另一方面也藉此感慨己身存亡，賴有天幸。[90]就此窺見，此際修「志」動機重在「保存」。這種心態，驅使王有年編纂《金谿縣志》。他在〈答吳仲升先輩論邑志書〉說：

> 自嘉靖以來，志之失紀者，幾百年更遭兵燹，即嘉靖志而亦亡之。既生斯土，而文獻無徵，使先達之嘉言懿行，聽其湮沒，及今不圖，舊聞愈失，則亦後死者之責也，故不揣冒昧強力為之。[91]

---

88 王有年，《缺壺編文集》，卷上序，〈閩小紀序〉，頁5a-6a。周亮工為崇禎年間進士，身仕二朝，後被乾隆朝廷編入《欽定國史貳臣傳》中。
89 王有年，《缺壺編文集》，卷下自警，〈病中自警〉，頁12a。
90 王有年，《缺壺編文集》，卷上序，〈谿亂志小序〉，頁10ab。
91 王有年，《缺壺編文集》，卷上書，〈答吳仲升先輩論邑志書〉，頁2b~3a。

王有年說，嘉靖以來《金谿縣志》之失紀，反映此前縣志編輯情況。據其修纂《金谿縣志》書前序，嘉靖至康熙年間未再重修。[92]百餘年間，多有戰亂，舊志有所缺漏，王有年不忍文獻無徵，故纂修《金谿縣志》。

　　與之相較，此前修纂地方志，更重視社會教化及地方典範塑造。明廷多次詔令纂修方志，促使各地志書修纂逐漸興盛。不過，若耙梳方志內容，便發現地方士紳參與編纂時，亦摻入符合自身立場的敘述。換句話說，儘管明廷影響方志修纂，但在其內容撰寫，地方士紳有很大的發揮空間。[93]在鼎革世亂之際，朝廷已無暇顧及志書纂修，但出自於擔憂故鄉記載湮滅，王有年仍主動撰寫《谿亂志》。修纂《金谿縣志》的動機，已經不僅止於遵從朝廷命令，更有近似「國可亡而史不可滅」的情懷。

　　王有年認為「邑之志，猶國之史也」，需博覽群書、遠稽近考。他曾閱讀王世貞（1526-1509）著作及其他志書，欲斟酌互訂，但發現諸書所載人物傳記「截去首尾，條件割裂」，甚至「如類書然」，因此感嘆說：「史法安在乎」，並認為歷代《金谿縣志》更有此種狀況。[94]接著，他又說：

---

[92] 據中央研究院「中國大陸各省地方志書目查詢系統」，未有嘉靖至康熙年間《金谿縣志》，而永樂《金谿縣志》已不傳。

[93] 林麗月，〈戀戀桑梓：明儒莫旦（1429~1510s）的鄉邦志業〉，文收朱鴻、林麗月等合著，《明清政治與社會—紀念王家儉教授論集》（台北：秀威，2018年），頁39~71。

[94] 王有年，《缺壺編文集》，卷上書，〈答吳仲升先輩論邑志書〉，頁4b-5a。

危太樸以仕元不為立傳，夫劉誠意為開國文臣首，亦嘗仕元，使東石官史館撰國史，亦將斥其人而不傳乎？且太樸立朝本末具見宋景濂墓志，非庸庸□食者比也，至其文章卓絕一時，論者稱為太音元酒，歸震川屢欲購遺集而惜其不傳，近亦選其詩而亟稱之。黟自宋始列為邑，古文能者不多概見，竊以為惟太樸一人而已。[95]

王有年將嘉靖《金黟縣志》不為危素立傳，歸因於危素身仕元明，質疑同樣身仕二朝的劉基（1311-1375），為何能被後人景仰？觀宋濂〈新墓碑銘〉，危素並非庸碌之徒，又享有文名，故無不立傳之理。雖然不清楚嘉靖《金黟縣志》纂修者將危素除去的原因，但王有年認為，其因在於危素身仕二朝。就此看來，王有年纂修《金黟縣志》時，士論不關切「危素殉國未遂」，而是聚焦於其「身仕二朝」。對他來說，經歷鼎革亂世後，仍安然存活，何其幸運，更應珍惜生命，發揚志向。王有年的修志存金黟史，恰與明初危素殉國未遂為存史，遙相輝映。

小結

　　明代嘉靖、萬曆年間，商業發達，書市興盛，士人出版門檻降低，再加上陽明心學興起，挑戰既定權威，促成各式書籍

---

[95] 王有年，《缺壺編文集》，卷上書，〈答吳仲升先輩論邑志書〉，頁5b-6a。

叢出。[96]此時，出現批評「重經輕史」的聲浪，又興起「以史經世」思潮。[97]另外，以好奇炫博為特色的「考據之風」，亦從中形成。[98]在這種「多元」的時代氛圍中，儘管危素相關敘述文字相同，實則具有不同意涵。

基於「忠」觀念的強化，危素被視為「應死而未死」，「殉國未遂」被談遷以「自免」論之。同時，何喬遠藉由危素「以身傳史」，諷刺明朝修纂國史未成，故注重「存史」。身處明清易代的張岱，雖對危素有所疵議，但其摘抄《名山藏》評論片段，透露自身對於「故國史」的重視。換句話說，同樣的「乞活為存史」，實則具有不同的時代意義。

四庫館臣評危素「晚節不終，為世謬笑」，[99]似乎將其歷史評價定調為「失節」。實際上，乾隆朝纂修《四庫全書》前，士人未必如此批評危素。在康熙《含山縣志》、《金谿縣志》中，仍有「存史」為基調的敘述。不過，由康熙《金谿縣志》纂修者王有年的文章，可見此時士論焦點趨向危素「身仕二朝」。

清聖祖自親政以來，涉獵各種學問，並欲透過研習經、史，汲取修身治國的經驗。除此之外，清聖祖倡修《鑑古輯覽》、

---

[96] 向燕南，《中國史學思想通史・明代卷》（安徽：黃山書社，2002年），頁169-175。

[97] 楊豔秋，《明代史學探研》（北京：人民出版社，2005年），頁71-78。

[98] 林慶彰，《明代考據學研究》（台北：台灣學生書局，1986年再版），頁26-27、30-35。

[99] 永瑢等，《文淵閣四庫全書總目提要》，收入《景印文淵閣四庫全書》，第四冊，卷169，〈說學齋稿〉，頁10b。

《御批通鑑綱目》等著作，並認為史著的基礎建立於記載符合真實，強調秉公論斷。雖然清聖祖對於「何為真」、「何為公」無系統性評述，但修纂過程中，時常一再商榷。唯康熙四十年以後，清聖祖態度轉向消極，擱置尚未修纂完成的《明史》，更直斥二十一史「無足徵信」。[100]就此看來，康熙朝雖已參與史書編纂工作，但因皇帝態度相對開放，而後期趨於悲觀，故政治氛圍不如乾隆朝緊繃。文字獄案數量，亦可反映康熙、乾隆兩朝之差異。[101]

　　綜合看來，晚明至康熙年間，危素歷史評價從「多元」漸趨「單一」。晚明至明末清初，雖有士人對於危素殉國未遂，大感不以為然，但亦有如何喬遠、張岱，將之擬為蔡邕「乞活」。康熙年間，王有年的危素敘述，顯示此時士論已聚焦危素「身仕二朝」。

　　四庫館臣批評危素的敘述，影響後人甚鉅。由於清高宗對於君臣綱常的堅持，所以此時其他官方著作中，亦能見到危素的蹤跡。就此看來，「失節」的危素，經歷幾百年士論，至清高宗終於定調。

---

[100] 喬治忠，《清朝官方史學研究》（台北：文津出版社，1994年），頁237-251。

[101] 據葉高樹統計，順治、康熙、雍正、乾隆四朝文字獄案，總計一百三十九起，其中康熙朝有九起，佔6%；乾隆朝有一百一十二起，佔80%。詳參：葉高樹，《清朝前期的文化政策》（台北：稻鄉出版社，2009年第二版），頁254-268。

表3-1　《元廣東遺民錄》、《廣州人物傳》、《國朝獻徵錄》
簡祖英段落對照表

《元廣東遺民錄》	簡祖英，字世英，東莞人，學問賅博……時朝廷方以道德風勵天下，凡元降臣，始雖榮遇終雖必擯辱，名士如危素、張以寧輩皆不免。祖英之見卓哉。
《廣州人物傳》	簡祖英，字世英，東莞人，學問賅博……時朝廷方以道德風勵天下，凡元叛降臣，始雖榮遇終雖必擯辱，名士如危素、張以寧輩皆不免，<u>蓋亦漢祖戮丁公之意云爾</u>。祖英之見卓哉。<u>又有高彬者，字文質，南海人，何真部曲也，仕元至萬戶佩金虎符，入國朝，乃走江湖為巨賈。徵為武職，固辭</u>……
《國朝獻徵錄》	簡祖英，字世英，東莞人，學問賅博……時朝廷方以道德風勵天下，凡元降臣，始雖榮遇終雖必擯辱，名士如危素、張以寧輩皆不免，<u>蓋亦漢祖戮丁公之意云爾</u>。祖英之見卓哉。

資料來源：汪兆鏞，《元廣東遺民錄》（收入中國國家圖書館古籍館編，《中國古代地方人物傳記匯編》第111冊，北京：燕山出版社，2008年），卷上，〈簡祖英〉，頁21b-22a；黃佐，《廣州人物傳》（收入中國國家圖書館古籍館編，《中國古代地方人物傳記匯編》，第109冊，北京：燕山出版社，2008年），卷11，〈簡祖英〉，頁5a-6a；焦竑，《國朝獻徵錄》（收入周駿富輯，《明代傳記叢刊》，綜錄類第26冊，台北：明文書局，1991年），卷112，〈孝行·簡祖英傳　黃佐〉，頁12a-13a。
備註：底線為筆者所加，表示《元廣東遺民錄》沒有的段落。

第四章
謫守廟愧之：
危素失節評價的形成

　　據《明太祖實錄》載，洪武二年（1369），危素被召至南京，任翰林侍講學士。不久，危素因「失朝」免官，但又於洪武三年（1370）復官，兼弘文館學士，獲賜小車、免朝謁，使其「時備顧問，論說經史而已」。隔年，危素被以「亡國之臣，不宜用」為由，遭彈劾，詔出居和州，不久便亡於寓所。[1]

　　危素晚年大起大落的原因，《明太祖實錄》及宋濂〈新墓碑銘〉皆未載。不過，成化年間，陸容（1436-1494）[2]《菽園雜記》，卻詳談危素的貶謫故事。據載：

　　　　高皇一日遣小內使至翰林，看何人在院。時危素太樸當

---

[1]　《明太祖實錄》（台北：中央研究院歷史語言研究所，1966年），卷七十一，洪武五年戊寅條，頁1323-1324。

[2]　陸容，字文量，蘇州太倉人，成化年間進士，官至浙江右參政。詳參：張廷玉等，《明史》（北京：中華書局，1974年），卷二八六，〈文苑二‧陸容〉，頁7343。

直，對內使云：「老臣危素。」內使覆命，上默然。翌日傳旨：「令素余闕廟燒香。」蓋余、危皆元臣，余為元死節，蓋厭其自稱老臣，故以愧之。[3]

余闕，唐兀人，元統元年（1333）進士，與危素同修《宋史》。[4]至正十三年（1353），為淮南行省左丞，守安慶。至正十七年（1357），陳友諒圍攻安慶，在孤立無援的情況下，余闕親自出戰敵軍，身受多刀。隔年正月，安慶城被攻破，余闕知勢不可為，便引刀自盡。[5]據《明太祖實錄》載，吳元年（1367）為余闕「建祠肖像，歲時祀之」。[6]陸容認為，明太祖將危素謫至余闕廟，雖然是譏諷的舉動，但原因在於「厭其自稱老臣」。然而，這段故事傳到晚明、明清易代、乾隆朝時，卻具有不同的解釋及意義。

　　本章以危素貶謫故事的流傳，探討乾隆朝廷將之定調為「失節」的歷程，以及晚明、清初相關敘述的影響，進而觀察其意義變化。另外，亦透過地方志的記載，探討官方與士人敘述是否符合方志編纂者考察結果。

3　陸容，《菽園雜記》（北京：中華書局，1985年），卷三，頁33-34。
4　余闕與危素同列於〈進宋史表〉。詳參：脫脫等，《宋史》（北京：中華書局，1974年，中華書局點校本），附錄，〈進宋史表〉，頁14254、14258。
5　宋濂等，《元史》，卷一百四十三，〈余闕〉，頁3428。
6　《明太祖實錄》，卷26，吳元年十月，頁385。此條亦可見：《明太祖寶訓》，卷四，〈勵忠節〉，頁249。

第一節　危素貶謫故事流傳歷程

關於陸容《菽園雜記》，四庫館臣論曰：「於明代朝野故實，敘述頗詳，多可與史相考證，旁及談諧雜事，皆並列簡編」，[7]大致可瞭解，四庫館臣認為此書具參考價值。雖然未能得知此書流傳程度，但至少可知，《菽園雜記》的記載，被嘉靖年間暢銷書《皇明通紀》採用。[8]

陳建（1497-1567）[9]《皇明通紀》內含前編《皇明啟運錄》、後編《皇明歷朝資治通紀》，時間斷限分別為至正十一年（1351）至洪武三十一年（1398）、洪武三十一年（1398）至正德十六年（1521）。在前編裡，陳建提及「近日縉紳多喜閱國初之事」，恰好嘉靖年間有吳樸（生卒年不詳）《龍飛紀略》刊行。雖然《龍飛紀略》是編年記載明初事蹟，但內容多有遺漏，

7　永瑢等，《文淵閣四庫全書總目提要》（收入《景印文淵閣四庫全書》，台北：臺灣商務印書館，1983年，據國立故宮博物院藏本影印），第三冊，卷141，〈菽園雜記〉，頁46ab。

8　陳建著，錢茂偉點校，《皇明通紀》（北京：中華書局，2008年），書首，〈采據書目〉，頁11-20。

9　陳建（1497-1567），字廷肇，號清瀾，廣東東莞人。於嘉靖十八年（1539）任江西臨江府學教授時，被聘為江右、廣右、雲南、湖南鄉試考官，並編《周子全書》、《程子全書》。嘉靖二十三年（1546）辭官返東莞，築清瀾草堂。在隆慶元年（1567）陳建去世前，其撰有《學蔀通辨》、《治安要議》、《古今至鑑》、《陳氏文獻錄》、《皇明通紀》等。詳參：錢茂偉，〈陳建及其通紀〉，文收陳建著，錢茂偉點校，《皇明通紀》（北京：中華書局，2008年），正文前1-10頁。

又好發議論，因此陳建便「廣稽群籍，參伍考訂」。[10]然而，筆者實際翻查《龍飛紀略》，裡面並無記載危素相關事蹟，[11]進一步搜查其〈采據書目〉，[12]唯一記載危素事蹟者，僅陸容《菽園雜記》。由此可見，危素貶謫故事的流傳，始於成化年間。

最初，《皇明通紀》前後編為分別出版，兩編撰成後遂合併，大約皆出版於嘉靖年間。[13]此時，為明末江南出版轉向高峰的關鍵期[14]。江南書籍印刷的發展，促使某種輿論得以流傳，甚至具有效力，董其昌（1555-1636）強搶民女事件即是一例。此事被改為白話章回小說出版，使得董其昌大為惱火，後來將小說的「可能作者」范昶捉拿，使得范氏含恨而死。之後，范母至董家門前大罵，但董其昌次子卻羞辱范母，引起民怨。一時間，煽動民眾攻擊董家的印刷品傳遍街坊，終致萬曆四十四年（1616）董家被民眾焚燒。另外，李贄（1527-1602）的「異端」思想亦藉由書籍流傳海內，使其不僅聞名天下，更有不少假託的著作出版。[15]

---

[10] 陳建著，錢茂偉點校，《皇明通紀》，卷之八，頁287。

[11] 吳樸，《龍飛紀略》（收入《四庫全書存目叢書》，史部第九冊，濟南：齊魯書社，1996年，據北京圖書館藏明嘉靖二十三年吳天祿等刻本影印）。

[12] 陳建著，錢茂偉點校，《皇明通紀》，〈采據書目〉，頁11-20。

[13] 〈皇明通紀序〉為嘉靖三十四年（1555，歲乙卯），故《皇明通紀》出版時間應不早於此，而錢茂偉即以嘉靖三十四年為出版年。至於《皇明啟運錄》的出版，則不早於嘉靖三十一年（1552，歲壬子）。詳見陳建著，錢茂偉點校，《皇明通紀》（北京：中華書局，2008年），頁2、1190、1193。

[14] 大木康著，周保雄譯，《明末江南的出版文化》（上海：上海古籍出版社，2013年），頁7-19。

[15] 大木康著，周保雄譯，《明末江南的出版文化》，頁67-73。

據《明神宗實錄》記載，萬曆三十年（1602）禮科都給事中張問達（1554-1613）彈劾李贄「《藏書》、《焚書》、《卓吾大德》等書，流行海內，惑亂人心」，皇帝便下旨將其著作禁燬。[16]而顧炎武將《明神宗實錄》摘抄至《日知錄》，又於文末附加天啟五年（1625）四川道御史王雅量（生卒不詳）奏報，李贄著作雖被禁止，但士大夫仍「多喜其書，往往收藏，至今未滅」。[17]

李贄著作雖被明廷禁燬，但仍流傳甚廣，於清初仍未絕。在李贄《續藏書》中，載明太祖為余闕立廟、貶降臣危素守廟之事，並引陳建的評論。[18]就此看來，《皇明通紀》、《續藏書》的暢銷，使危素失節譏死更廣為人知。

有趣的是，陳建《皇明通紀》也曾被明廷禁止。隆慶五年（1571），工科給事中李貴和（生卒年不詳）上奏，論陳建「以草莽之臣，越職僭擬，已犯自用自專之罪矣。況時更二百年，地隔萬餘里，乃欲以一人聞見，臧否時賢，熒惑眾聽」，因此建議盡早禁燬。此議被明廷接受，並明令史館不得採用《皇明通紀》。[19]然而，明廷的禁燬並未產生效用，反使《皇明通紀》更加風行。時至萬曆，《皇明通紀》不僅仍然流傳，甚至更有不少

---

[16] 《明神宗實錄》（台北：中央研究院歷史語言研究所，1966年），卷369，萬曆三十年閏二月乙卯條，頁6917-6919。

[17] 顧炎武著，徐文珊點校，《原抄本日知錄》（台北：明倫出版社，1960年），頁540-541。

[18] 李贄，《續藏書》（明萬曆三十九年王惟儼刻本），卷一，〈開國諸臣本根〉，頁18ab。

[19] 《明穆宗實錄》（台北：中央研究院歷史語言研究所，1966年），卷61，隆慶五年九月，頁1491。

增續《皇明通紀》的著作。[20]但明穆宗以後的皇帝,似乎不再留意《皇明通紀》是否涉違礙。天啟六年(1626),明熹宗欲召回北邊鎮守太監詢問軍情。南京吏部尚書王在晉(?-1643)等人擔心地方鎮守太監與邊臣勾結,再加上「本朝於正統間,設鎮守太監,旋復罷之。天順間復差太監葉達鎮守,後即取回,因地方有事,一向停差,載於《通紀》可考夫」,因此力勸熹宗應另派朝中內臣到關查閱,並立時回報。[21]由此看來,陳建的《皇明通紀》確實發揮「有資於治、可通為鑑」[22]效果,也無怪隆慶五年李貴和會如此批評。不過,在隆慶被禁止史館採用的《皇明通紀》,天啟年間又成為廷臣進言、查找前例的依據,而明熹宗未有任何反應。由此可見,明廷禁《皇明通紀》似為一時的過敏,也就更不會有深入民間的搜書了。

　　從明廷的禁燬與朝臣的引用來看,《皇明通紀》的暢銷確實造成影響。《皇明通紀》不僅成為朝臣進言的依據,更成為李贄、朱國禎、王世貞等人寫作的徵引來源之一。[23]孟森(1868-1938)認為《皇明通紀》是晚明士人準備科舉用書,[24]也不無可能。

　　《皇明通紀》刊行後不久,傳入朝鮮,並迅速引起朝鮮士人注意,不僅視為史類必讀書目,甚至更成為國王經筵日講的書

---

[20] 謝國楨,《晚明史籍考》(上海:華東師範大學,2011年),頁38-39。
[21] 《明熹宗實錄》(台北:中央研究院歷史語言研究所,1966年),卷70,天啟六年四月,頁3043-3044。
[22] 陳建著,錢茂偉點校,《皇明通紀》(北京:中華書局,2008年),頁1。
[23] 謝國楨,《晚明史籍考》(上海:華東師範大學,2011年),頁38。
[24] 孟森,《明清史論著集刊》(台北:南天書局,1987年),頁142。

籍。朝鮮士人認識明史的途徑，《皇明通紀》佔很重要份量。到清朝修《明史》時，朝鮮多次「辯誣」，其對於《皇明通紀》內部錯誤容忍程度漸趨低落，終至宣布查禁、「洗草」。[25]因此，《皇明通紀》能以「參考書」的角色，持續「暢銷」至禁網尚疏的清初。

相對於《皇明通紀》的有口皆碑，李贄著作則被明廷確立為異端。明神宗採行禁燬，被視為維持良善風俗的行為，列入《明神宗寶訓》的「禁左道」。[26]但直至明朝滅亡，明廷並未再次宣布禁燬，天啟五年（1625）四川道御史王雅量的奏報似乎也沒有造成效果。

綜合來看，明廷對於書籍的禁燬並未造成阻滯流通的效果，且更無有系統的圖書審查與管理。因此，明代書籍的出版幾乎不被限制，使文字所表達的「訊息」得以傳遞。訊息的傳播不僅引起官方查禁及激起社會事件，亦使「歷史」得以持續流傳，並成為「當代」士人申論的資源：王在晉利用《通紀》力勸明熹宗，即是一例。

《皇明通紀》不僅是「暢銷書」，甚至更有「參考書」的角色，成為中國、朝鮮士人幾乎都曾讀過的明代史書。就此看來，《菽園雜記》所載危素貶謫故事，透過《皇明通紀》的風行，廣

---

[25] 孫衛國，〈《皇明通紀》及其續補諸書對朝鮮之影響〉，《中國史研究》2（北京：2009年），頁166~176。

[26] 《明神宗寶訓》（台北：中央研究院歷史語言研究所，1966年），卷11，頁5。

傳海內外，甚至深植人心，使危素歷史評價更趨於「失節」。另外，雖然陳建撰寫《皇明通紀》有供人借鑑的企圖，但作者無法預期著作內容在何時、何處、何種狀況被後人利用。

　　由於陳建《皇明通紀》的暢銷，其所載危素貶謫故事，便影響清初士人編輯的史書，谷應泰（1620-1690）[27]《明史紀事本末》即是一例。台灣明代學會曾選取《明史紀事本末》諸篇進行研讀，[28]發現其中諸多片段有待商榷之處。據徐泓校讀，發現《明史紀事本末·開國規模》不僅沒有擇取明太祖的重要創制，

<hr />

[27] 谷應泰，字賡虞，別號霖蒼，直隸豐潤人，順治四年（1647）進士，曾任戶部主事、員外郎。順治十三年（1656）調任浙江提督學政之後，延攬士人協助編輯《明史紀事本末》。《明史紀事本末》的時間斷限，始於元至正十二年（1352）朱元璋起兵，終於崇禎十七年（1644）李自成攻陷北京。詳參：谷應泰，《明史紀事本末》（北京：中華書局，1977年），書首，〈中華書局出版說明〉，頁1。

[28] 部份校讀成果詳參：邱炫煜，〈谷應泰「明史紀事本末」的史源新詮〉，《簡牘學報》15（台北：1993），頁235-257、林麗月，〈讀《明史紀事本末·江陵柄政》—兼論明末清初幾種張居正傳中的史論〉，《台灣師大歷史學報》24（台北：1996年），頁41-76、徐泓，〈《明史紀事本末·開國規模》校讀—兼論其史源運用與選材標準〉，《台大歷史學報》20（台北：1996年），頁537-615、徐泓，〈「明史紀事本末·嚴嵩用事」校讀：兼論其史源運用與選材標準〉，《暨大學報》1：1（南投：1997年），頁17-60+328、吳智和，〈《明史紀事本末·王振用事》校讀〉，《華岡文科學報》23（台北：1999年），頁161-199、邱炫煜，〈《明史紀事本末》卷十九〈開設貴州〉校讀：兼論作者的史識與全書的評價〉，《明代研究》2（台北：1999年），頁13-39、邱炫煜，〈「明史紀事本末·鄭芝龍受撫」校讀〉，《國立僑生大學先修班學報》9（台北：2001年），頁325-349、陳怡行，〈《明史紀事本末·平河北盜》校讀〉，《明代研究》6（台北：2003年），頁47-81、邱炫煜，〈「明史紀事本末·平徐鴻儒·附王好賢、于弘志」校讀〉，《國立僑生大學先修班學報》11（台北：2003年），頁213-241、杜淑芬，〈《明史紀事本末·大禮議》校讀〉，《明代研究》8（台北：2005年），頁125-167。

更與《明太祖實錄》、《國榷》等史料有所出入。[29]關於記載危素事蹟的夏四月條，徐泓將之歸於「不同年份事例置於同年」、「日期可考卻失載」兩類，[30]並指出：

> 按：記危素事，見《實錄》51/9a，洪武三年四月庚酉【按：癸酉】條。是月庚辰，又以危素兼弘文館學士。（《實錄》51/9b）危素之卒，據宋濂所撰墓誌，乃洪武五年正月二十三日。（《實錄》71/a-b，亦列在洪武五年正月條下）；則《本末》所云「踰年卒」，不太準確。[31]

其中，「記危素事」實指危素復官及其兼弘文館學士。不過，實際翻查《明太祖實錄》，又未見明太祖與危素的互動。[32]那麼，《明史紀事本末・開國規模》夏四月條的史源又為何？

中華書局在《明史紀事本末》〈出版說明〉中，明確指出

---

[29] 徐泓，〈《明史紀事本末・開國規模》校讀—兼論其史源運用與選材標準〉，《台大歷史學報》20（台北：1996年），頁537-615。

[30] 徐泓，〈《明史紀事本末・開國規模》校讀—兼論其史源運用與選材標準〉，《台大歷史學報》20（台北：1996年），頁614附表二「《明史紀事本末・開國規模》日期記載錯誤與疏漏表」。

[31] 徐泓，〈《明史紀事本末・開國規模》校讀—兼論其史源運用與選材標準〉，《台大歷史學報》20（台北：1996年），頁566第73條。

[32] 搜查《明太祖實錄》「洪武三年（1370）」，可找出以下兩條：1.洪武三年四月：癸酉復以危素為翰林侍講學士。2.洪武三年四月：庚辰置弘文館，以胡鉉為學士，命劉基、危素、王本中、睢稼皆兼學士。詳參：《明太祖實錄》（台北：中央研究院歷史語言研究所，1966年），卷51，洪武三年四月癸酉條，頁1007、《明太祖實錄》，卷51，洪武三年四月庚辰條，頁1008。

其點校參考《明實錄》、《鴻猷錄》、《續藏書》、《國榷》、《石匱書後集》、《明史》、《明通鑑》、《明紀》。[33]經筆者比對，上述諸書雖均有提及危素，但皆未記載謫守余闕廟的故事。[34]不過，若進一步閱讀上述諸書的片段，又可發現蛛絲馬跡：李贄《續藏書》曾載明太祖為余闕立廟、貶降臣危素守廟之事，並引陳建（1497-1567）之論。[35]雖未能得知李贄實際引用的著作，但至少可知，李贄有關注陳建著作及危素被貶謫事蹟。筆者進一步搜查陳建著作，發現與《明史紀事本末‧開國規模》高度相似的片段。[36]

　　《明史紀事本末‧開國規模》為谷應泰新闢篇目，危素謫守余闕廟事蹟又未見諸書記載，而上引片段又與《明史紀事本末》高度相似，故谷應泰《明史紀事本末‧開國規模》夏四月條抄自《皇明通紀》，不無可能。（詳見附表4-1）

　　實際上，《明史紀事本末》摘抄《皇明通紀》的段落，不只有〈開國規模〉。《明史紀事本末‧略定秦晉》可分兩部分，

---

[33] 谷應泰，《明史紀事本末》，〈出版說明〉，頁6。

[34] 據徐泓校讀，發現《明史紀事本末》〈開國規模〉與談遷《國榷》有諸多相似。然而，據筆者比對，〈開國規模〉夏四月條（即徐泓文中第73條）未能見於《國榷》。詳參：徐泓，〈《明史紀事本末‧開國規模》校讀─兼論其史源運用與選材標準〉，頁596。

[35] 李贄，《續藏書》（明萬曆三十九年王惟儼刻本），卷一，〈開國諸臣本根〉，頁18ab。

[36] 錢茂偉點校，陳建著，《皇明通紀》（北京：中華書局，2008年），皇明啟運錄卷之五，〈危素失節謫死〉，頁159-160。底線為筆者所加，表示與《明史紀事本末》相同處。

前半與《皇明通紀》「于光死節」、「張溫拒虜」高度相似，後半補充元軍登城事蹟，則與高岱《鴻猷錄》相似。[37]關於前半段落，據筆者搜查，有詳載于光於蘭州城下呼吼者，僅《皇明通紀》、《明史紀事本末》、《明史》，其中又以《明史》書成年代最晚。因此，谷應泰《明史紀事本末》有傳抄《皇明通紀》的可能。（詳見附表4-2）

　　《明史紀事本末》於乾隆四十六年（1781）九月收入《四庫全書》。四庫館臣對於《明史紀事本末》大致評價不錯，以「排比纂次，詳略得中，首尾秩然。於一代事實，極為淹貫」論之。[38]地方官員似乎也認為《明史紀事本末》是值得參考且權威的史書，如乾隆四十年（1775），廣西巡撫熊學鵬（?-1779）呈繳高熊徵（?-1706）《安南志紀要》的理由，即是因為《明史紀事本末》、《明史》已詳載安南建置源流，不需草野書生私記。清高宗則硃批：「粵西此等事少，不必過求」。[39]
　　儘管如此，《明史紀事本末》仍被挑出錯誤。《四庫提要》指出，雖然關於靖難事蹟記載詳細，但不免「沿野史傳聞之誤」。[40]清高宗又於乾隆五十一年（1786）說：

---

[37] 高岱《鴻猷錄》以「擴廓」指稱「王保保」，是與《明史紀事本末》唯一相異之處。詳參高岱，《鴻猷錄》（明嘉靖四十四年高思誠刻本），卷5，頁20b。

[38] 永瑢等，《文淵閣四庫全書總目提要》，卷49，〈明史紀事本末〉，頁30b。

[39] 中國第一歷史檔案館編，《纂修四庫全書檔案》，二四七，〈廣西巡撫熊學鵬奏查出高熊徵陸顯仁所著書籍繳燬摺〉，頁352-354。

[40] 永瑢等，《文淵閣四庫全書總目提要》，卷49，〈明史紀事本末〉，頁32a。

《明史紀事本末》一書，係谷應泰所撰。朕從前在書房時即曾見其書，以其舉有明一代之事，仿袁樞《通鑑紀事》之體，逐事貫穿始末，俾覽者瞭然，而逐段所論，四六文頗佳。茲因四庫館抄書進呈，復詳加披閱。其中所載李自成攻陷京師……是李自成之竄敗，皆係本朝滿洲兵力。使三桂彼時果能辦此，伊尚將攘為己有，安肯復請本朝兵乎？……谷應泰係漢人，猶及明末，未免意存迴護，故為左袒，而非當日實在情形，不足傳信。著軍機大臣詳查《開國方略》所載入關剿賊實事，將書中此一節重行改正，以昭正論信史。[41]

清高宗認為李自成（1605-1645）是敗於「本朝滿洲兵力」，而非敗於吳三桂。或許因為《明史紀事本末》對於李自成兵敗的解釋「政治不正確」，所以在乾隆四十三年（1778），《明史紀事本末》早被列於應燬清單。[42] 雖然此份奏摺尾段殘缺，未能見得清高宗硃批，但可能尚未被燬，或者仍於直隸流傳，因為乾隆四十六年（1781）直隸總督袁守侗（1723-1783）又奏報查獲，並稱「謹欽遵節次諭旨及四庫全書處奏明飭禁暨各省咨查應禁書籍名

---

[41] 中國第一歷史檔案館編，《纂修四庫全書檔案》，一一五〇，〈諭內閣《明史紀事本末》言李自成敗因不足傳信著重行改正〉，頁1944-1945。

[42] 中國第一歷史檔案館編，《纂修四庫全書檔案》，五七九，〈湖廣總督三寶等奏呈查繳應燬各書清單〉，頁969-983。

目，核對相符」。[43]

不過，乾隆朝廷將危素收錄《續通志・貳臣傳》時，卻又摘錄《明史紀事本末》段落。據《續通志・貳臣傳》載：

> 危素，字太樸，金谿人……洪武二年，授翰林侍講學士，數訪以元興亡之故，且詔譔〈皇陵碑〉文皆稱旨。頃之，坐失朝，被劾罷，歲餘復故官，兼弘文館學士。素居弘文館，一日，帝御東閣，聞履聲，帝問為誰，對曰：「老臣危素。」帝曰：「是爾耶！朕將謂文天祥耳。」素惶懼頓首。^{按：明太祖云云。素在是時，太祖已輕之矣。明史本傳不載，此語今據《明史紀事》補輯。}會御史王著等論素亡國之臣，不宜列侍從，詔謫居和州，守余闕廟，歲餘卒。[44]

在《續通志・貳臣傳》所收諸人中，其內容通常摘錄自二十四史，而由上引片段中「按語」可知，危素傳記的形成屬例外。館臣在此藉由二十四史之外的著作，將明太祖與危素的互動補入，進而交待失節的「報應」：就如馮道、陶穀等人被鄙夷。其中，按語所指《明史紀事》，實為谷應泰《明史紀事本末》。[45]

---

[43] 中國第一歷史檔案館編，《纂修四庫全書檔案》，七九七，〈直隸總督袁守侗彙繳應禁書籍情形摺（附清單一）〉，頁1363-1381。

[44] 嵇璜等，《欽定續通志》，卷611，〈危素〉，頁11b。

[45] 此處書名恰與蔣棻《明史紀事》相同，但非指蔣氏著作。蔣棻，字畹仙，早年曾入復社，為崇禎丁丑（1637）進士。明亡前，曾任南海、建安知縣，後陞禮部主事但未赴任。明亡後，蔣棻隱居鄉里，年約六十（或六十六）。撰有《南

儘管《明史紀事本末》獲得館臣不錯的評價，但仍名列應燬或應禁書單。不過，《明史紀事本末》的禁或燬，並不影響《續通志》的編纂。在乾隆三十二年（1767）到乾隆四十九年（1784）《續通志》編纂期間，清廷確實藏有《明史紀事本末》，館臣有可能眼見並參考《明史紀事本末》。但《續通志》摘抄《明史紀事本末》，甚至更於條下附註明白交待來源，這不僅反映《明史紀事本末》實際上仍於民間流傳、未能禁絕，更代表清廷對於危素貶謫故事的認可。

第二節　「顯忠」到「懲貳」：
　　　　危素貶謫故事的意義變化

危素貶謫故事的流傳歷程，以陸容《菽園雜記》為始，中途經過陳建《皇明通紀》、谷應泰《明史紀事本末》，終至乾隆朝《續通志・貳臣傳》。不過，各書寫作要旨及時代氛圍不同，敘

陔集》、《明史紀事》，分別為詩文集與史論，兩者皆未入《四庫全書》。《明史紀事》沒有編年紀事，僅就明代歷史分篇定題評論。 因此，《明史紀事》應未收危素事，而筆者實際翻查亦未見。另外，對照《明史紀事本末》、《明史紀事》，可看出兩者之間的關係：前者篇目及史論多襲自後者，故邱炫煜認為《明史紀事本末》史論非出自張岱而是蔣棻，應為確論。不過，據筆者比對，谷應泰《明史紀事本末》仍有新創篇目，如：〈故元遺兵〉、〈開國規模〉、〈設立三衛〉、〈親征漠北〉、〈俺答封貢〉。而危素貶謫故事，被收於〈開國規模〉夏四月條。再據邱氏研究，〈開國規模〉篇目亦不襲自《鴻猷錄》。詳參：邱炫煜，〈明末清初的蔣棻及其《明史紀事》之研究〉，《簡牘學報》16（台北：1997年），頁389-407；邱炫煜，〈《明史紀事本末》卷十九〈開設貴州〉校讀：兼論作者的史識與全書的評價〉，《明代研究通訊》2（台北：1999年），頁32。

說脈絡亦有相當差異。那麼，在各書之間流傳的危素貶謫故事，意義變化的過程為何？

（一）陳建《皇明通紀》的危素

《皇明通紀》前、後編寫作體裁不一，僅前編頁首有類似紀事本末體的條目。危素貶謫故事被收於《皇明通紀》前編第五卷。本卷記載洪武二至三年（1369-1370）的史事，後半部（即洪武三年，1370）有關軍事征伐的條目明顯減少，或許是明代統治疆域大致底定的緣故。另外，《皇明通紀》前編共分八卷：前五卷包含辛卯（至正十一年，1351）至洪武三年（1370）共二十年的史事，後三卷則為剩餘二十八年史事（至洪武三十一年，1398）。[46]就此看來，《皇明通紀》前編的寫作詳、略不均，內容顯得偏重明太祖起兵的前二十年武功表現。這些條目中，涉及忠節者，僅「于光死節」、「危素失節謫死」、「黃犖、蔡子英執節」。

「于光死節」條目的內容是延續自「張溫拒虜」。洪武二年（1369），王保保（擴廓帖木兒，1315-1375）帶兵南下圍攻蘭州。蘭州守將原欲固守待援，然張溫（?-1393）主張應先聲奪人再行固守。張溫整兵出戰後，元軍雖稍有退卻，但仍持續圍城。後來，于光（1326-1369）馳兵解圍，但戰敗，被元軍執送蘭州

---

[46] 陳建將洪武三十一年（1398）以後建文史事列為《皇明通紀》後編（即原《皇明歷朝資治通紀》）。

城下，用以勸張溫出降。此時，于光大喊：「我不幸被執，公等堅守，徐總兵將大軍行至矣。」元軍遂殺于光。蘭州城守將聽聞後，士氣大增。最後，元軍攻城失利。[47]不過，《皇明通紀》雖將洪武二年的蘭州戰役分為兩條目，但並未將之分別書寫，使讀者較能釐清脈絡。

雖然《明史紀事本末‧略定秦晉》摘抄《皇明通紀》「于光死節」、「張溫拒虜」段落，但兩者脈絡並不同。蘭州之役在《明史紀事本末》中，被視為明軍出奇制勝、元軍大勢已去的證據之一。[48]而陳建卻在「洪武二年」文末論道：

> 國初將才甚眾，相才卻少，陶安、章溢繼卒，當時可相者實無逾於劉基，使其爰立事業，當有可觀。繼此，其桂彥良乎！[49]

與相才稀少的情況相對，則為「將才甚眾」。若再配合前述，陳建偏重明太祖起兵的前二十年武功表現的原因，即是為了凸顯明代武功江河日下之況。換句話說，「于光死節」、「張溫拒虜」是明初「將才甚眾」的事例，並藉此反襯近時的疲弱，正如〈皇明通紀序〉說：

---

47 陳建著，錢茂偉點校，《皇明通紀》，卷之五，頁154-155。
48 谷應泰，《明史紀事本末》，卷之九，〈略定秦晉〉，頁125-126。
49 陳建著，錢茂偉點校，《皇明通紀》，卷之五，頁156。

抑嘗因此閱歷世變，尤有感焉。祖宗時士馬精強，邊烽少警，而後來則胡騎往往深入無忌也；祖宗時風俗淳美，真才輩出，而邇來則漸澆漓也；祖宗時財用有餘，而邇來則度支恒憂匱乏也；祖宗時法度昭明，而邇來則變易廢弛比比也。推之天下，莫不皆然。是果世變成江河之趨而不可挽與【歟】，抑人事之失得有以致之也？[50]

就此看來，陳建筆下的明初是毫無缺點的「黃金時代」。因此，陳建在書寫上刻意避免直接批評明太祖。由前引「可相者實無逾於劉基」等語可見，陳建實則認為李善長並非可相之才，但為了避免與祖宗時「真才輩出」矛盾，因此不直接檢討明太祖是否所用非人。換句話說，陳建因為對現況不滿，使其緬懷明初時，在書寫上有所迴護。

假如陳建避免批評明太祖，那麼又如何書寫「危素失節謫死」、「黃峊、蔡子英執節」？「危素失節謫死」大致可分為三個部份：危素失節、被貶謫、守余闕廟的意義。第一部分，以危素謫居和州破題，在簡介危素之後，便接續黃峊殉國但危素卻仍存活的事蹟。[51]不過，陳建的記載與宋濂〈新墓碑銘〉有所出入。在宋濂〈新墓碑銘〉中，不僅未載危素與黃峊同約殉國之外，更詳載危素「死意甚堅」到「存故國史」的轉折。而大梓與

50　陳建著，錢茂偉點校，《皇明通紀》，〈皇明通紀序〉，頁2。
51　陳建著，錢茂偉點校，《皇明通紀》，卷之五，頁160。

徐彥禮說服危素不殉國的理由，除了存史之外，更有實際因素：「公不祿食四年矣」。危素在元順帝時仕途通達，但於元至正二十五年（1365）棄官。因此，危素就算不殉國，也不算對不起故國。[52]然而，在《皇明通紀》中，卻無法看到危素於易代之際抉擇的過程，僅見其失約於黃辱，並以「國史」為不殉國的理由。第二部分，即是危素貶謫的故事。第三部分，以守余闕廟作為此段結尾，據《皇明通紀》載：

> 余闕，元忠臣，守安慶，為陳友諒所陷，不屈而死。上嘉其節，立廟和州祀之。上初用素，雖以文學備顧問，心實薄其為人。至是，既忤旨，責令守闕廟以愧之。素至和，逾年憂懼而死。[53]

陳建認為，明太祖為了譏諷危素而使其守余闕廟。明太祖雖任用危素，但早已鄙其為人。然而，若閱讀《明太祖實錄》，則無法得知明太祖與危素互動情況。換句話說，陳建忽略危素出處抉擇的過程，更藉貶謫故事加強「明太祖鄙夷危素」的論述，進而說明謫守余闕廟的原因。

有關余闕廟的意義，李贄在《續藏書・開國諸臣根本》中，

---

52 宋濂，《宋文憲公全集・芝園後集》（收入《四部備要》，第八十二冊，上海：中華書局，1989年影印本），卷二十七，〈故翰林侍講學士中順大夫知制誥同脩國史危公新墓碑銘〉，頁329上。

53 陳建著，錢茂偉點校，《皇明通紀》，卷之五，頁160。

摘錄陳建的評論。據載：

> 丙午【按：應作丙申，1356】三月，上率諸軍攻金陵，元御史大夫福壽盡力來禦……上入城，嘉其忠，命為棺衾禮葬之。又以元臣余闕守安慶，力禦陳友諒將趙普勝，後城破不屈死。命安慶廟祀，其後貶元降臣危素曰：盍往守安慶余闕廟是也。

> 陳建曰：褒死所以勵生，獎往所以勸來。夫敵人之臣盡力以禦我，一旦自敗，不喜其敗，亦已矣。況嘉其能盡力，而以禮殯葬之乎？我聖祖之禮葬福壽、廟祀余闕，蓋撥亂救民，顯忠勸義，真帝王之師，不可以矯強而至也。[54]

福壽（?-1356）[55]為元末金陵城守將，與力守安慶的余闕同為忠義之士。李贄在此摘引陳建之論，認為明太祖能夠禮葬、廟祀元軍守將，乃「真帝王之師」。雖然未能得知李贄確切摘引自何書，但依其寫作慣例，應可確定後段確為陳建之言。[56]綜言之，

---

[54] 李贄，《續藏書》，卷一，〈開國諸臣根本〉，頁18ab。

[55] 福壽，唐兀人，曾為饒州路達魯花赤，至正十五年（1355）轉任江南行台御史。至正十六年（1356），明軍圍攻集慶，福壽數次督兵出戰，城破，明軍入城後，百司奔潰，僅福壽於鳳凰臺下指揮作戰。旁人勸撤守，卻被福壽斥責：「吾為國家重臣，城存則生，城破則死，上安往哉！」過不久，福壽被亂兵殺害。詳參：宋濂等，《元史》（北京：中華書局，1997年），卷一百四十四，〈福壽〉，頁3442。

[56] 李贄《續藏書》摘引他人史論時，會清楚標示「李贄曰」、「弇州外史曰」或「陳建曰」等。

上述文字皆藉由明太祖「顯忠勸義」，論其處置公正嚴明。

「危素失節謫死」之後，便接續「黃昺、蔡子英執節」。據《皇明通紀》載：

> 謹按：《一統志》有蔡子英者，河南永寧人，元末舉進士，累遷顯官。元兵敗，子英單騎走關中，入南山。大軍圖形【刑】求之，械送京師。命釋之，授以官，不受。退而上書，大略謂：「臣之事君，猶女之適人。一與之醮，終身不改。事君之道，一食其祿，終身不貳。」朝廷重之，命館於儀曹。忽一夜，大哭不止，人問其故，子英曰：「思舊君耳。」上知其志不可奪，送之出塞。危素之失節，視子英輩，真愧死不暇矣。[57]

本條以《一統志》所載的蔡子英，作為「危素失節謫死」的補充。蔡子英原受明太祖重視，但因其哭憶舊君，故明太祖將其送出塞。不過，《一統志》所載蔡子英的上書與《明太祖實錄》甚有差異。據《明太祖實錄》載：

> 至京，太祖命脫械以禮遇之，授以官，不受。退而上書曰：「陛下乘時應運，削平群雄，薄海內外，莫不賓貢。

---

[57] 陳建著，錢茂偉點校，《皇明通紀》，卷之五，頁161。

臣鼎魚漏網，假息南山。曩者見獲，復得脫亡。七年之久，重煩有司追跡。……臣感恩無極，非不欲自竭犬馬，但名義所存，不敢輒渝初志。自惟身本韋布，智識淺陋，過蒙主將知薦，仕至七命，躍馬食肉十有五年，愧無尺寸以報國士之遇。及國家破亡，又復失節，何面目見天下士。……今陛下創業垂統，正當挈持大經大法，垂示子孫臣民。奈何欲以無禮義、寡廉恥之俘囚，廁諸維新之朝、賢士大夫之列哉！」[58]

洪武五年（1372），明軍攻克定西，王保保兵敗，蔡子英逃至南山。明太祖欲網羅蔡子英，故使人追索。之後，蔡子英被明軍俘獲，械送至京。在押送途中，蔡子英試圖逃脫不果，再度被俘。經過洛陽時，湯和（1326-1395）強令蔡子英下跪被拒，焚其鬚。直至入南京後，明太祖才「命脫械以禮遇之，授以官」。[59]錢穆認為，明太祖最終敕送蔡子英出塞，「亦可謂仁義備至矣」。[60]不過，《明太祖實錄》與《一統志》皆記錄明太祖敕送蔡子英出塞，但前者載蔡子英上書內容與後者不同。《明太祖實錄》所載蔡子英上書，雖言「感恩無極」，卻又述「有司追跡」的過程，並問明太祖說：「奈何欲以無禮義、寡廉恥之俘囚，廁

---

[58] 《明太祖實錄》，卷110，洪武九年「敕送故元官蔡子英歸塞」條，頁1833-1834。
[59] 《明太祖實錄》，卷110，洪武九年「敕送故元官蔡子英歸塞」條，頁1833。
[60] 錢穆，〈讀明初開國諸臣詩文集〉，文收氏著，《中國學術思想論叢（六）》（台北：東大圖書股份有限公司，1993年三版），頁157。

諸維新之朝、賢士大夫之列哉」。就此看來，蔡子英道出明太祖殷切求士的矛盾。而陳建將「危素失節謫死」與「黃昺、蔡子英執節」兩者並書，除了以危素的失節映襯忠節之外，更藉此凸顯明太祖的是非分明。

同樣遭遇易代，黃昺、蔡子英能執節，危素卻變節。儘管危素聞名天下，但其未能堅持殉國，明太祖因此鄙夷之。整體來說，陳建雖記載危素失節，但花更多力氣在描寫余闕、黃昺與蔡子英的忠節。除了藉此凸顯危素人品低下之外，更欲以「危素失節謫死」作為明太祖選擇忠節、非文才的例證，展現明初以忠義為立國根基。然而，在陸容《菽園雜記》中，將危素貶謫的原因歸結於「厭其自稱老臣」，[61]未如李贄、陳建等人將之導因於危素失節造成貶謫。由此可見，陸容的解釋並不滿足晚明士人的寫作需求，故有截選或補述現象。

（二）谷應泰《明史紀事本末》的危素

在《明史紀事本末・開國規模》中，生動地記載危素「惶懼頓首」（詳見附表4-1），其原因為何？是因為危素頓時陷入失節憂懼？又或是對於明太祖君威的恐慌？谷應泰並未多加解析，僅言「遂有是謫」。整體看來，此條僅止於解釋危素謫守余闕廟緣由。

---

[61] 陸容，《菽園雜記》，卷3，頁34。

那麼，在《明史紀事本末》中，危素被貶謫事蹟是否重要？據〈開國規模〉篇末史論，谷應泰總結說：

> 太祖以淮西布衣，仗劍討亂，十五年之間，遂成帝業，開明堂，禮上帝，功雲烈矣。然而身在行間，手不輟書，禮致儒臣，深思治道。……繼之元人失馭，濁亂乖離。自古禍亂浸淫，聖學放廢，未有若是之酷者也。非帝神靈崛起，智勇挺興，亦烏能克勘禍亂，率由舊章，撥亂反正，若斯之速者乎！……帝性沈鷙，果於屠殺，微類漢高，遜美唐、宋，或以此耳。雖然，隋文不永，謂以急亡，晉武短祚，又以寬敗，矯枉之不妨過正，或亦英雄之善識時務也。[62]

由此可見，谷應泰〈開國規模〉全篇重點，在於明太祖重整天下秩序，及其異於元末群雄之處。危素與明太祖之間的互動，谷應泰未多加申論，也並無藉以剖析明太祖的性格。就此看來，危素被貶謫事蹟似不具特殊意義。

（三）乾隆朝廷對危素的批評

李贄著作與《皇明通紀》皆經歷明廷的禁燬，亦因此更加

---

[62] 谷應泰，《明史紀事本末》，卷之十四，〈開國規模〉，頁223-224。

聲名大噪。雖然有相同經歷，但評價卻不盡類似：李贄被明官方與部份儒者視為「異端」，《皇明通紀》則被視為士人的「參考書」。不過，時至乾隆，李贄著作與《皇明通紀》又再度遭到禁燬。[63]與明代相較，清代禁燬力道更甚，因為不僅被動接受地方官員呈報，更主動派員詳查各地藏書，一經查獲便嚴懲，例如乾隆四十年（1775）閏十月十八日，漢軍八旗高綱（生卒年不詳）之子高秉（生卒年不詳）因家藏陳建《皇明實紀》（即《皇明通紀》），即被交付刑部嚴審。高秉家藏陳建《皇明實紀》，懷疑書板尚在閩粵流傳，因此申令李侍堯（?-1788）再次搜查。[64]

　　清朝對於文字的強力掌控，激起中國社會的「漣漪效應」，使得書籍被剟改及隱蔽。[65]危素貶謫故事卻仍能於禁燬與官方論述之間流傳，未因一時的壓力而消逝，反而持續流傳，並形成某種習以為常的敘述：將危素貶謫與失節進行因果連結。

　　此種文化統治，以乾隆朝編纂《四庫全書》為高峰。那麼，四庫館臣又如何評論危素？據危素《雲林集》提要載：

---

[63] 李贄著作的禁燬紀錄，最早可見於乾隆四十四年（1779）九月初六日，《皇明通紀》則為乾隆四十年（1775）二月二十六日。詳參中國第一歷史檔案館編，《纂修四庫全書檔案（下）》，二四八，〈署理兩廣總督德保為查繳違礙書籍致軍機處咨呈〉，頁354-358；六四五，〈閩浙總督三寶奏繳應燬各書情形摺（附清單）〉，頁1093-1107。

[64] 中國第一歷史檔案館編，《纂修四庫全書檔案（上）》，二九五，〈寄諭高晉等查繳《偏行堂集》《皇明實紀》《喜逢春傳奇》書版〉，頁453-455。

[65] 王汎森，〈道、咸以降思想界的新現象—禁書付出及其意義〉，《權力的毛細管作用：清代的思想、學術與心態》（台北：聯經出版事業股份有限公司，2014年6月二版），頁605-628。

素於元末負盛名，入明以後，其人不為世所重，其文亦遂不復收拾。故《說學齋集》僅存在元之文，而此集亦僅存在元之詩，不足盡素之著作。然氣格雄偉，風骨遒上，足以陵轢一時。就詩論詩，要不能不推為元季一作者矣。[66]

其中僅言其文因人「不為世所重」而散佚。在危素《說學齋稿》提要之中，館臣更具體指出「素晚節不終，為世僇笑，其人本不足稱，而文章則歐、虞、黃、柳之後，屹為大宗」。[67]然而，清代官方對危素的批評，不止於此。在清高宗詔修的《續通志》中，危素是《續通志·貳臣傳》之中唯一的元明之際士人。

清高宗於乾隆三十二年（1767）詔修《續通志》，原訂乾隆四十八年底（1783）修竣，因後續考訂而逾限至乾隆四十九年底（1784）完成。[68]清廷編纂的《續通志》，體力延續鄭樵（1104-1162）《通志》的「紀、傳、譜、略」，但兩者的寫作精神迥異。

---

66 永瑢等，《文淵閣四庫全書總目提要》，收入《景印文淵閣四庫全書》，第四冊，卷169，〈雲林集〉，頁11b。

67 永瑢等，《文淵閣四庫全書總目提要》，收入《景印文淵閣四庫全書》，第四冊，卷169，〈說學齋稿〉，頁10b。

68 詳參中國第一歷史檔案館編，《纂修四庫全書檔案》（上海：上海古籍出版社，1997）下列條目：一〇三八，〈軍機大臣等奏定限後纂辦各書完竣情形開單進呈片（附清單）乾隆四十九年七月十二日〉，頁1787；一〇三九，〈諭依限完竣暨逾限未竣各書之總裁纂修等著交部分別勸懲·乾隆四十九年七月二十日〉，頁1787；一〇三九，〈諭依限完竣暨逾限未竣各書之總裁纂修等著交部分別勸懲·乾隆四十九年七月二十日〉，頁1789-1790；一〇八九，〈軍機大臣奏查各館依限完竣及逾限未完各書情形片（附清單）·乾隆五十年二月十七日〉，頁1863-1864。

鄭樵曾受南宋翰林侍講王綸（?-1161）、賀允中（1090-1168）舉薦入朝，與宋高宗論史著。鄭樵批評班固以來為史之非，因而受宋高宗賞識並授官。[69]關於鄭樵的為史理念，可見《通志‧總序》：

> 仲尼既沒，百家諸子興焉，各效《論語》，以空言著書。至於歷代實蹟，無所紀繫。治漢建元、元封之後，司馬氏父子出焉。……遷法既失，固弊日深，自東都至江左，無一人能覺其非。……自唐之後，又莫覺其非，凡秉史筆者，皆準《春秋》，專事褒貶。夫《春秋》以約文見義，若無傳釋，則善惡難明。史冊以詳文該事，善惡已彰，無待美刺。讀蕭、曹之行，事豈不知其忠良？見莽、卓之所為，豈不知其凶逆？夫史者，國之大典也，而當職之人，不知留意於憲章，徒相尚於言語，正猶當家之婦，不事饔飧，專鼓唇舌，縱然得勝，豈能肥家？此臣之所深恥也。[70]

鄭樵批評，時至南宋，司馬遷的史家精神已湮滅，人人皆欲以《春秋》為準而重褒貶。然《春秋》約文見義，需藉後人釋讀方能明善惡，但《春秋》的詮釋又言人人殊。假如史書詳細記載，

---

[69] 脫脫等，《宋史》（北京：中華書局，1977年），卷436，〈鄭樵〉，頁12944。
[70] 鄭樵，《通志》（北京：中華書局，1987年），〈通志總序〉，頁志三。

則善惡已昭然若揭，無須執著於言語上的批評或讚揚。杜維運（1928-2012）認為，由上可見鄭樵的「主博雅、反褒貶」的精見與勇氣。[71]

清廷編纂《續通志》時，則以植綱常、行褒貶為要。據《四庫提要》載：

> 至於五朝國史，以貳臣別為《列傳》，新出聖裁。於旌別淑慝之中，寓扶植綱常之意。允昭褒貶之至公，實為古今之通義。今亦恪遵彝訓，於前代別立此門，以昭彰癉。較諸原書體例，實詳且核焉。[72]

清朝官方不僅完成專論明清之際的《貳臣傳》、《殉節諸臣傳》，更將史筆延伸至各朝易代，著成《續通志・貳臣傳》。在《續通志・列傳》中特立〈貳臣〉，用以「扶植綱常」，並稱「褒貶之至公，實為古今之通義」。另據《續通志》〈貳臣傳序〉載：

> 臣等案：春秋以正名分，而其功在於懼亂臣賊史之為義，所以植綱常、示懲勸，蓋其重也。我皇上標人倫之規矩，嚴大義之防危，特命館臣於國史剙立貳臣傳。間考列代草

---

[71] 杜維運，《中國史學史（三）》（北京：商務印書館，2010年），頁632。
[72] 永瑢等，《文淵閣四庫全書總目提要》，卷五十，〈欽定續通志〉，頁32ab。

昧之初，恢天綱鼓群動以安反側而備驅使，自不得不借才前代，於是諸臣撰述列傳之首人，半前官事多勝國，未有能奮筆削而彰鈇鉞者。信乎萬事一時敦人紀、樹臣鵠，必俟夫聖人而為天子也。[73]

開國之初不得不借才前代，無法「奮筆削而彰鈇鉞」，如今可俟「聖人」為之。

換句話說，無論是否有助於歷代開國，只要曾仕勝朝，皆無礙於清高宗的重新檢視與評價。就此看來，南宋鄭樵認為需倚人傳釋的《春秋》之義，在清朝卻為不需檢驗的常識，且更為人事評價的前提，使得《續通志·貳臣傳》的編輯帶有濃厚政治教化意味。藉各朝易代的「貳臣」，傳達忠君的價值，其編纂理念可謂與鄭樵的精神迥異。

《續通志·貳臣傳》內收錄唐至明七朝「貳臣」共四十六人，以「五代」收錄十七人最多；「明代」最少，僅危素一人。又將七朝貳臣分為十類，危素與陶穀（903-970）同列第九類，以「禪詔見薄，國史託詞」八字論之。其後，「又其甚者，七朝宰執，八姓奴僕，固懵大倫，且不知廉恥是人間何等事」，則為馮道（882-954）。[74]

---

[73] 嵇璜等，《欽定續通志》，收入《景印文淵閣四庫全書》，第399冊（台北：臺灣商務印書館，1983年，據國立故宮博物院藏本影印），卷606，〈貳臣傳〉，頁1ab。

[74] 嵇璜等，《欽定續通志》，卷606，〈貳臣傳〉，頁2b。

關於《續通志》對馮道「不知廉恥」的評論，是承自宋代歐陽修（1007-1072）、司馬光（1019-1089）《資治通鑑》的看法。《新五代史‧馮道傳序》中，論馮道「可謂無廉恥者矣」，被視為五代道德淪喪的象徵。[75]《資治通鑑》則以「有死無貳」為標準，認為馮道就算「為人清儉寬弘」、「時人往往以德量推之」，因其大節有虧，故無可稱道之處。[76]王賡武認為，宋儒以降的忠節與正統觀念，與五代當時思想不符。馮道〈長樂老自敘〉之所以詳列其仕宦成就，是為了彰顯自身未怠忽職守。[77]

與危素同列一類的陶穀（903-970），曾仕於五代晉、漢、周。在陳橋兵變後，趙匡胤（927-976）回京師受禪，但禪詔未擬，此時陶穀便從懷中取出禪詔、呈給趙匡胤（927-976）並說：「已成矣」，陶穀因此被宋太祖鄙夷。另據《宋史》載，陶穀曾言：「吾頭骨法相非常，當戴貂蟬冠爾」，故時人亦鄙之。[78]而編輯《續通志》的館臣，將《宋史》的記載抄至〈貳臣傳〉中，並在文後加按語補論：

[75] 歐陽脩，《新五代史》（北京：中華書局，1974年），卷54，頁611。
[76] 司馬光，《資治通鑑》（北京：中華書局，1976年）9510
[77] Wang Gung-wu, "Feng Tao: An Essay on Confucian Loyalty," in Arthur F. Wright and Denis Twitchett eds. *Confucian Personalities* (Stanford: Stanford University Press, 1962), pp. 206-210.
[78] 脫脫等，《宋史》（北京：中華書局，1977年），卷二六九，〈陶穀〉，頁9235-9238。

陶穀仕周，位雖不顯，其袖出禪詔，希圖大用，蓄志實不可問。今亦列於宋貳臣傳末，春秋之法義無可逃云爾。[79]

不論陶穀居心為何，單就袖出禪詔、主動變節的行為，即代表其心無忠義，故可將陶穀納入《續通志‧貳臣傳》。不過，為何館臣特意另加按語？筆者認為，其原因在於《宋史》對陶穀的批評，並非以「春秋之法義」為重，而是論其趨炎附勢，受時人鄙薄。[80]

　　五代至宋初的士論未苛責馮道，《宋史》的史論亦未批評陶穀失節。《續通志‧貳臣傳》不僅反映清高宗重新評價歷史人物的企圖，亦顯出其欲傳達的價值觀與馮、陶二人的當代形象脫節。其脫節之處不在於「敘述」，而在官方將歷史人物視為「貳臣」。換句話說，將歷史人物歸入貳臣這一「類別」，是後代權力運作的結果。

　　被收入《續通志‧貳臣傳》的陶穀、馮道與危素等人，在當時並未被歸為「貳臣」。誠如岡本さえ提及，貳臣身份的認定具有濃厚的現世因素，需置於「清代禁書所具有的基本精神的解說中」。[81]明太祖與危素之間的故事，亦明顯可見乾隆朝的影響。

79　嵇璜等，《欽定續通志》，收入《景印文淵閣四庫全書》，第399冊，卷608，〈貳臣傳〉，頁20b。

80　據《宋史》列傳卷二十八後論曰：「豫成禪代之詔，見薄時君，終身不獲大用。及夫險詖忌前，酖醬少檢，附勢希榮，構讒謀己，皆無取焉」。詳參脫脫等，《宋史》，卷二六九，列傳卷二十八論，頁9251。

81　王成勉譯，岡本さえ著，〈貳臣論〉，文收王成勉，《氣節與變節─明末清初士

由故事的傳抄，可觀察到脫離原脈絡的趨向：從《明史紀事本末》單純解釋謫守余闕廟緣由，到《續通志》將謫守確立為明太祖鄙斥貳臣。換句話說，危素謫守余闕廟，不再是明太祖開國神話中的事件之一，而是獨立且具有警示意味的故事。

綜上所述，危素謫守故事流傳的軌跡，始自《皇明通紀》，經過《明史紀事本末》，終至《續通志・貳臣傳》。由《續通志・貳臣傳》可見清高宗欲掌「史筆」行褒貶、正視聽的企圖。在杜絕其他「野史傳聞」的同時，亦昭示被認可的論述與價值觀，進而影響後世對歷史的看法。清廷根據明清之際的人物行為操守，編纂《欽定國史貳臣傳》與《欽定勝朝殉節諸臣錄》，藉「褒」與「貶」傳達「有死無貳」的絕對忠君精神。[82]而《續通志・貳臣傳》的編纂，亦是清理歷史工作的一環，昭示「有死無貳」是歷朝易代不變的道理。

第三節　余闕廟考證

明太祖鄙視失節危素，因而將其貶至和州守余闕廟，此種因果推論流傳四百餘年，最後被劉聲木接受。至於故事敘說的脈絡，從《菽園雜記》、《皇明通紀》、《明史紀事本末》到《續

人的處境與抉擇》（台北：黎明文化出版社，2012年），頁104。

82　陳永明，《清朝前期的政治認同與歷史書寫》（上海：上海古籍出版社，2011年），頁183-250。

通志》，各有轉折。又以《菽園雜記》、《皇明通紀》兩者之間的變化最為關鍵，因為自此之後皆將貶謫導因於失節。儘管後續述說脈絡改變，但仍以此因果關係為前提。如果危素不因為失節而被貶，則無法符合顯忠或懲貳的述說脈絡。那麼，地方志所收文章及相關記載，又是如何敘述？

　　如第三章所述，在《金谿縣志》、《含山縣志》所收文章中，危素相關敘述以「存史」為基調。不過，在危素出生地與謫居地以外的方志，卻持「失節」論居多，例如順治《浦城縣志》所收董其昌（1555-1636）〈求忠書院記〉寫道，「高皇帝以綱常為治，嘗旌余闕薄危素，惟勸忠為惓惓，乃其大者在於罷黜百家，顯立朱氏學」，也無怪靖難之際，有方孝孺（1357-1402）這類承朱子道統的忠義之士。[83]由此可見，危素謫守余闕廟不僅被視為明太祖勸忠惓惓的作為，更與靖難產生關連，而董其昌亦非特例。據民國《重修靈台志》所收趙時春（1509-1567）〈明御史巨歌記並序〉[84]載：

　　　嗚呼！噫□！君臣之義大矣！……故白刃有所不避，下之人感懷是心以事其上，故上得以長安而永保尊榮也。……

83　王榮陛修、梅彥駒纂，《[順治]浦城縣志》（收入中國科學院圖書館選編，《稀見中國地方志彙刊》，第31冊，北京：中國書店，1992年，據清順治七年刻本影印），卷十下，〈求忠書院記〉，頁315b。

84　巨敬（?-1402），於建文年間擔任御史，後轉任戶部主事，充史官，後不屈死，被夷族。詳參張廷玉等，《明史》，卷一百四十一，〈巨敬〉，頁4026。

我太祖高皇帝祠福壽、余闕而斥薄危素。雄兵四討，千萬餘戰士有殊死而無降使……三十餘年，義氣所激，震天炳日。孰謂先生之節，非皇祖之典謨乎？久久治安，永永無極，孰謂先生之死，無功於世哉！[85]

為福壽（?-1366）、余闕（?-1358）建祠，以及鄙薄危素，被視為明太祖注重忠義的證據。前節引李贄摘錄陳建之論，認為明太祖藉此顯忠勸義，乃為真帝王之師，而此處亦如此認為。趙時春更進一步論道，靖難能有巨敬殉國之事，乃因明太祖以忠義立國，使得洪武三十餘年得以「義氣所激，震天炳日」。

　　明太祖祀余闕被詮釋為顯忠勸義，顯然余闕被賦予「忠義」的歷史評價，以致危素謫守余闕廟一再被士人聯想。康熙初年，楊周憲（生卒年不詳）[86]遊歷新建縣（今江西南昌）西北時，發現一座頹敗樓亭，便修葺之，並名為「夕佳樓」。後來編纂《新建縣志》時，才發現夕佳樓原為「偰家樓」，並得知偰家軼事。[87]偰家，族屬畏兀，原籍高昌，於元代遷居至江西。

---

85 楊渠統修，王朝俊纂，《[民國]重修靈台志》（民國二十四年南京京華印書館承印鉛印本），卷四，〈雜記・明御史巨歌記並序〉，48ab。

86 目前僅知，楊周憲字覺山，浙江仁和人，康熙三年甲辰科（1664）進士，官職為吏科給事中。見：法式善等撰，張偉點校，《清秘述聞三種》（北京：中華書局，1982年），頁60。

87 楊周憲修纂，《[康熙]新建縣志》（收入《中國方志叢書》，華中地方，江西省，第884號，台北：成文出版社，1995年，據清康熙十九年刻本影印），卷之十九，〈重建夕佳樓記〉，頁28ab。

其中，最被楊周憲稱道者，為偰列箎（?-1358）。[88]至正十八年（1358），陳友諒攻龍興（今江西南昌），時偰列箎守城。城破，偰列箎投井自殺。[89]對此，楊周憲嘆道：

> 嗚呼！惟其義盡，是以仁至，公足當之矣！予思元綱解紐散，敵騎縱橫，大江以南無堅城。和州之敗，獨余公闕之死。明太祖立廟以祀，老成如危太樸，且以守廟媿死，蓋英主激濁揚清，其權如是。公城亡與亡，烈與余公並。迄今，舉其姓名，而二三父老莫有識者……嗟乎！代遷人異，轉瞬百年，此而仍湮沒聽之則不傳者，真不傳矣！[90]

楊周憲認為，明太祖祀余闕、貶危素，被視為激濁揚清。偰列箎之忠義不遜於余闕，然卻默默無聞於鄉里父老間，因此撰此文。余闕聲名顯赫，儼然為元末忠義之代表。

　　由危素謫守余闕廟故事的傳抄，可見其被賦予的解釋隨時間變化。雖然未能藉由地方志的記載，觀察危素歷史評價的變化歷程，但若試著觀察撰者的敘述，便發現危素被用以映襯余闕的忠義。不過，將清廷編纂《明史》與宋濂〈新墓碑銘〉、《明太祖

88　偰列箎，字世德，偰文質第五子，為延祐二年（1315）進士，曾任潮陽縣達魯花赤、河南府經歷。詳參蕭啓慶，《元代進士輯考》（台北：中央研究院歷史語言研究所，2012年），頁265。

89　蕭啓慶，《元代進士輯考》，頁265。

90　楊周憲修纂，《[康熙]新建縣志》，卷之十九，〈重建夕佳樓記〉，頁29ab。

實錄》對照，可發現危素貶謫的敘述中，最為耐人尋味之處即在「余闕廟」。

在清廷編纂《明史》中，危素被收入〈文苑傳〉。在〈文苑傳〉的危素傳記敘述中，大致與宋濂〈新墓碑銘〉、《明太祖實錄》相同。唯一不同之處，據載：

> 御史王著等論素亡國之臣，不宜列侍從，詔謫居和州，守余闕廟，歲余卒。[91]

在宋濂〈新墓碑銘〉、[92]《明太祖實錄》的記載，[93]危素晚年謫居和州，卒於含山寓舍，但這裡卻載其謫和州守余闕廟。就此看來，由於危素謫守余闕廟的敘述相當常見，使其晚年動向更難以質證。

在《菽園雜記》中，僅言明太祖令危素至余闕廟燒香，未載危素貶謫至何地，也未提及明太祖是否為余闕立祠廟。然而，在《皇明通紀》、《明史紀事本末》、《續通志・貳臣傳》，皆詳載「何不赴和州看守余闕廟去」。另，前述地方志的記載，亦提到明太祖「立廟以祀，老成如危太樸，且以守廟愧死」，似乎將明太祖設立的余闕廟與危素的貶謫地，視為相同地點，但實際上

是否如此？

　　據《明太祖實錄》，在吳元年（1367）時，確有為余闕「建祠肖像，歲時祀之」的紀錄，[94]但未交代建祠地點。直至洪武十六年（1383），明廷欲增加余闕祠配享人物時，才明確寫道「余闕既立祠安慶，春秋祭祀」。[95]然而，在洪武二年（1369）詔修的《元史》卻如此記載：

> 初，闕既死，賊義之，求屍塘中，具棺斂塟於西門外。及安慶內附，大明皇帝嘉闕之忠，詔立廟於忠節坊，命有司歲時致祭云。[96]

在此可見，余闕廟與葬地雖同在安慶，但並非同一處。正德元年（1506），盧州知府即因「古之忠臣生地死所俱有祠，今其里舊祠弗葺」，故奏請修復。[97]就此看來，《明太祖實錄》所載余闕祠，就是《元史》忠節坊的余闕廟。余闕祠曾於成化二十一年（1485）知府徐傑（生卒年不詳）重修，後因空間狹小，而由胡纘宗（1480-1560）[98]遷移至正觀門外的忠臣廟。康熙十六年

94　《明太祖實錄》，卷26，吳元年十月，頁385。此條亦可見：《明太祖寶訓》，卷四，〈勵忠節〉，頁249。

95　《明太祖實錄》，卷158，洪武十六年十一月，頁2443。

96　宋濂等，《元史》，卷143，〈余闕〉，頁3429。

97　《明武宗實錄》，卷10，正德元年二月，313頁。

98　胡纘宗，籍陝西秦安，正德三年進士。見：張廷玉等，《明史》，卷202，〈胡纘宗〉，頁5333。

（1677）重修，咸豐三年（1853）年燬，又於同治年間重建。[99]另外，再據民國《懷寧縣志》載：

> 青陽書院，在余忠宣公祠內。祠前為正氣樓，樓東為感恩亭，亭北為仰高亭，亭南為求是堂，堂東為書舍，舍北為烈夫人祠，祠後為忠宣公墓。昔忠宣公戰守之暇，率諸生講性命之學，戰士擐甲以聽。後人追思之，即其祠建書院焉。今廢。[100]

上述片段，除了首二句及「忠宣公墓」後等語之外，其餘皆與嘉靖《安慶府志》記載相同。[101]由此可見，雖然未知胡纘宗遷余闕祠的確切時間為何，但至少可瞭解，正德以後，遲至嘉靖，余闕廟、墓及青陽書院三者已合為一地。同治年間雖重建余闕祠，但至民國編纂《懷寧縣志》時，余闕祠、墓及書院已廢。然而，無論何時編纂的方志，皆未提及危素守廟事蹟。

　　不過，仍須留意安慶正觀門。正觀門外有一小丘，在長江岸邊，不少文人墨客登眺望遠。明嘉靖時，安慶知府陸鈳（1488～

---

[99] 朱之英修，舒景蘅纂，《[民國]懷寧縣志》（收入《中國方志叢書》，華中地方，安徽省，第732號，台北：成文出版社，1995年，據民國七年鉛印本影印），卷九，〈祠祭〉，頁11b。

[100] 朱之英修，舒景蘅纂，《[民國]懷寧縣志》，卷八，〈書院〉，頁11ab。

[101] 李遜纂修，《[嘉靖]安慶府志》（收入《中國方志叢書》，華中地方，安徽省，第632號，台北：成文出版社，1995年，據明嘉靖二十三年刊本影印），卷之十，〈學校志〉，頁9b。

1554）依丘築「大觀亭」。[102]因與余闕廟相差不遠，故諸多文人登樓賦詩、撰文時，常提到余闕，故《大觀亭志》中，纂者收錄五篇〈余闕傳〉。[103]然而，關於危素守廟一事，被《大觀亭志》纂者歸類至〈軼事〉，並根據貝瓊（1314~1379）於洪武三年（1370）年見到危素的記載，[104]認為「好事者傅【附】會」。[105]

可能因為民國年間兵馬倥傯、政局動盪，余闕墓、大觀亭皆已頹壞，以致今日未能親身目睹舊跡，無法質證，僅存「大觀亭街」、「大觀亭小學」等名。但就上述可知，余闕墓位於安慶為真，危素謫守安慶余闕廟則否。再來，需稽考的是，和州是否有余闕廟。

危素貶謫的和州與安慶相距甚遠，[106]兩地相距約150公里。兩者位置如圖一所示：

---

[102] 李國模纂，《大觀亭志》，收入《中國園林名勝志叢刊》，第16冊（揚州：廣陵書社，2006年，據宣統三年合肥李氏慎餘堂活字本影印），卷一，〈祠宇〉，頁1ab。

[103] 李國模纂，《大觀亭志》，卷一，〈傳〉，頁2a~16b。

[104] 貝瓊，《清江文集》（收入《景印文淵閣四庫全書》，台北：臺灣商務印書館，1983年，據國立故宮博物院藏本影印）第1228冊，卷20，〈送危於懼赴安慶教授序〉，頁13b。

[105] 李國模纂，《大觀亭志》，卷一，〈軼事〉，頁29b。

[106] 據《明史‧地理志》記載，安慶府原為元代河南江北行省安慶路，龍鳳七年（1361）為寧江府，隔年改稱安慶府，下轄懷寧、桐城、潛山、太湖、宿松及望江六縣。和州原為元代廬州路歷陽縣，洪武二年（1369）改為和州，但仍屬廬州府。洪武七年（1374），改直隸和州。下轄一縣，為含山。詳參：張廷玉等，《明史》，卷40，〈地理志一〉，頁924-925、頁931-932。

圖一 ▌明代南直隸轄區圖

資料來源：譚其驤編，《中國歷史地圖集‧元明時期》（北京：中國地圖出版社，
　　　　 1982年），頁47-48。比例尺為兩百八十萬分之一。
備註：和州（危素謫居處）、安慶（余闕廟）地點標示為筆者所加。

　　再據《明太祖實錄》載，危素謫居和州，於洪武五年正月
卒，[107]與宋濂〈新墓碑銘〉記載相同。[108]《撫州府志》僅載危素

---

[107] 《明太祖實錄》，卷71，洪武五年正月，頁1324。
[108] 宋濂，《宋文憲公全集‧芝園後集》，卷27，〈故翰林侍講學士中順大夫知制誥

卒於和州含山寓舍，[109]絲毫未提及余闕廟相關事蹟。目前所見，
余闕廟位於安慶。若謫守余闕廟為真，那麼危素理應卒於安慶，
而非明初史料與《撫州府志》所載的和州，除非和州亦有余闕
廟。然而，據萬曆《和州志》載：

> 危素字太樸，撫州金谿人，生於元，入仕□官至參知政
> 事。國初，雅聞素名，召拜侍講學士，時年六十八，洪武
> 尋加弘文館學士。適明言余闕為元忠臣，為陳友諒所陷。
> 上嘉其節，立廟和州。至是，□□□出居和州，守闕廟以
> 愧之，遂卒於和之含山寓舍。按：此出《啟運錄》，今和
> 無闕廟，不知其詳。[110]

經方志纂修者考證，萬曆時和州無余闕廟，與陳建《啟運錄》記
載不符。若再配合前述，即可確定和州確實無余闕廟。就此看
來，危素僅單純謫居和州而未守廟。

綜合前述，目前史料無法證明危素是否謫守余闕廟。這種
情況下，貶謫故事仍能繼續流傳的原因，筆者有兩種推測：一、

同脩國史危公新墓碑銘〉，頁327下。

[109] 許應鑅、朱澄瀾修，謝煌纂，《[光緒]撫州府志》（收入《中國方志叢書》，華
中地方，江西省，第253號，台北：成文出版社，1995年，據清光緒二年刻本影
印），卷59，〈文苑〉，頁19b。

[110] 唐詰修，齊柯纂，《[萬曆]和州志》（收入《中國方志叢書》，華中地方，安徽
省，第641號，台北：成文出版社，1995年，據明萬曆三年刊本影印），卷4，
〈僑寓〉，頁61a。

將危素與其子危仿混淆。洪武三年（1370），貝瓊受明廷徵召，參與《元史》第二次纂修，即見危素「耳聰目明，與學者商榷古今，終日無倦色」。[111]洪武五年（1372），危素死後三日，貝瓊遇到危素之子危仿，[112]其時恰逢危仿赴任安慶府儒學教授，便寫序贈之。二、將余闕與危素聯想。余闕與危素曾同修宋遼金史，同列〈進宋史表〉，[113]又皆為元末一時忠義。然而，余闕殉國，危素卻入仕新朝，便將兩者並提。

雖然上述方志難以進一步分析撰者的思想及心態，但至少可知，在方志的敘述中，已將危素視為負面榜樣，藉以映襯余闕的忠義難得。另外，透過諸多記載的考察，發現余闕廟無可稽考，危素貶譏故事亦無從質證。就此看來，四百餘年官方與士人較於注重此事的意義詮釋。

小結

乾隆年間，清朝統治基礎穩固，已不需要強調「天命」，也不需一再高唱「夷狄乃籍貫」之說。清高宗利用中國傳統思想，強調《春秋》大義，藉此籠絡漢族士人，以及穩固清政權正

---

[111] 貝瓊，《清江文集》收入《景印文淵閣四庫全書》，卷20，〈送危於懼赴安慶教授序〉，頁13b。

[112] 危仿（生卒年不詳），字於懼，至正二十年庚子（1360）科左榜南人進士，曾任大都路同知薊州事。參見：蕭啓慶，《元代進士輯考》，頁365。

[113] 脫脫等，《宋史》，附錄，〈進宋史表〉，頁14253-14254。

當性。所以，清高宗曾論，宋末全節死義之士，遠過漢、唐，即是程朱理學之功，可謂宋太祖崇儒風範之餘澤，因為道德學術乃治天下根本。[114]這也是為什麼宋代鄭樵《通志》「主博雅、反褒貶」精神，到清廷編纂《續通志》時，轉為注重「植綱常、行褒貶」。其中又特立〈貳臣傳〉，則為「新出聖裁」。[115]

清高宗敕纂的《續通志》，危素被收入〈貳臣傳〉，其貶謫故事成了違背「有死無貳」的事例：若出處不合節，不僅受到皇帝鄙夷，更會招致不好的歷史評價，成為負面榜樣。被評為「貳臣」，是歷史人物變節的「懲罰」。因此，「貳臣」評價具有濃厚的現世因素，與《明史紀事本末》的書寫脈絡不同。

經筆者比對，《明史紀事本末》危素貶謫故事摘抄自《皇明通紀》，又由王保保圍攻蘭州的記載可見，危素故事並非傳抄的孤例，其因或與載有危素貶謫故事的《續藏書》、《皇明通紀》皆風行海內，影響甚大有關。不過，《明史紀事本末》與《皇明通紀》兩者的書寫脈絡並不相同。《明史紀事本末》將貶謫故事收入〈開國規模〉，文末史論也多注重明太祖的制度設計與規劃，《皇明通紀》則將之置於明太祖開疆闢土的脈絡中。《皇明通紀》對於明太祖有所迴護，不僅避免直接批評，更將其描寫為「顯忠勸義」的明君。也就是說，從《皇明通紀》到《明史紀事本末》，其中又具有轉折。

---

[114] 葉高樹，《清朝前期的文化政策》，頁118-122。
[115] 嵇璜等，《欽定續通志》，卷606，〈貳臣傳〉，頁1ab。

綜合上述，危素貶謫故事流傳的歷程如下：始於《菽園雜記》，陳建將之抄錄至《皇明通紀》後，藉以塑造明太祖為「顯忠勸義」的君主。再由《皇明通紀》流傳至《明史紀事本末》，其意義暫時被湮沒。清高宗敕纂《續通志・貳臣傳》，不僅重新挖掘故事的重要性，更賦予危素「貳臣」的歷史評價。最後，「貳臣」危素被民國初年的劉聲木接受。換句話說，從明初到民初的四百年間，危素貶謫故事的意義由「顯忠」轉為「懲貳」。

　　然而，危素貶謫故事的相關記載，與筆者考證結果不相符：危素謫居處與余闕廟所在地不同，且據萬曆《和州志》記載，無法得知危素貶謫故事是否為真。由此可見，對於四百餘年官方與士人來說，危素貶謫故事的詮釋及其意義，相較重要。這也是為什麼，危素貶謫故事會由「顯忠」轉向「懲貳」，即從忠義人物的歷史敘事中獨立出來。

表4-1 《續通志・貳臣傳》、《明史紀事本末・開國規模》、《皇明通紀》危素段落對照表

《續通志・貳臣傳》	危素，字太樸，金谿人……洪武二年，授翰林侍講學士，數訪以元興亡之故，且詔譔〈皇陵碑〉文皆稱旨。頃之，坐失朝，被劾罷，歲餘復故官，兼弘文館學士。素居弘文館，一日，帝御東閣，聞履聲，帝問為誰，對曰：「老臣危素。」帝曰：「是爾耶！朕將謂文天祥耳。」素惶懼頓首。按：明太祖明史本傳不載，此語今據《明史紀事》補輯。會御史王著等論素亡國之臣，不宜列侍從，詔謫居和州，守余闕廟，歲餘卒。
《明史紀事本末・開國規模》	【洪武三年（1370）】夏四月，以危素為翰林侍讀學士，已，謫素居和州。素居弘文館，一日，上御東閣，聞履聲橐橐，上問為誰，對曰：「老臣危素。」上曰：「是爾耶！朕將謂文天祥耳。」素惶懼頓首。上曰：「素元朝老臣，何不赴和州看守余闕廟去！」遂有是謫。素踰年卒。
《皇明通紀》	一日，上御東閣側室靜坐，素至，履聲橐橐徹簾內，詔問為誰，對曰：「老臣危素。」上曰：「是爾耶！朕將謂文天祥耳。」素惶懼頓首，流汗浹背。上曰：「素元朝老臣，何不赴和州看守余闕廟去？」遂有是謫。

資料來源：嵇璜等，《欽定續通志》，卷611，〈危素〉，頁11b。谷應泰，《明史紀事本末》（北京：中華書局，1977年），卷之十四，〈開國規模〉，頁205。錢茂偉點校，陳建著，《皇明通紀》（北京：中華書局，2008年），皇明啓運錄卷之五，〈危素失節謫死〉，頁159-160。

表4-2　《明史紀事本末》與《皇明通紀》蘭州之戰段落對照表

《明史紀事本末》〈略定秦晉〉	《皇明通紀》「于光死節」、「張溫拒虜」
十二月，王保保知大將軍南還，自甘肅以兵襲蘭州，奄至城下。守將指揮張溫會諸將校曰：「彼悉眾襲我，我兵寡，難與為敵。然彼遠來，未知我眾寡，乘暮擊之，可挫其鋒。彼不退，則固守以待援。」于是整兵出戰，保保兵少卻。溫斂兵入城，保保進圍之，溫堅守不與戰。鷹揚衛指揮于光守鞏昌，將兵來援，至蘭州之馬蘭灘，卒遇保保兵，戰敗被執。至蘭州城下，使呼張將軍出降。光大呼曰：「我不幸被執，公等但堅守，徐總兵將大軍至矣。」敵怒，批其頰，遂遇害。城中聞光言，守益堅。夜二鼓，保保以兵登城，千戶朱祐醉不能起，巡卒擊卻之。溫屢設方略，乘怠破其兵，保保圍數月不利，且聞大軍至，遂引去。溫執朱祐數其罪，將殺之，知事朱友文諫曰：「當其時，斬祐以徇，所謂軍法從事也。今賊已退，誅之無及，徒有專殺罪。」溫杖而釋之。事聞，升溫都督僉事，贈恤于光。	殘元王保保知大將軍南還，自甘肅以兵來襲蘭州，奄至城下。守將指揮張溫會諸將校曰：「彼悉眾襲我，我兵寡，難與為敵。然彼遠來，未知我眾寡，乘暮擊之，可挫其鋒。彼不退，則固守以待援。」于是整兵出戰，保保兵少卻。遲明，溫收兵入城。敵兵遂圍城數重，溫堅守不與戰。時指揮于光守鞏昌，將兵來援，至蘭州之馬蘭灘，卒遇保保兵，戰敗，被執至蘭州城下，使呼張將軍出降。光大呼曰：「我不幸被執，公等堅守，徐總兵大軍行至矣。」敵怒，殺之。城中聞光言，守益固，敵人伺夜二鼓登城，守兵擊卻之。

資料來源：谷應泰，《明史紀事本末》，北京：中華書局，1997年，卷之九，〈略定秦晉〉，頁124-125、陳建著，錢茂偉點校，《皇明通紀》，卷之五，頁154-155。

備註：底線為筆者所加，表示與《皇明通紀》文字相同之處。

第五章
結論

　　本書從陳寅恪（1890-1969）〈吾國學術之現狀及清華之職責〉與劉聲木（1876-1959）〈明危素失節見辱〉兩文，點出危素「存史」與「失節」的歷史評價。兩種歷史評價焦點各異：前者側重元順帝北奔、兵臨史庫之際的動態。危素不僅因「國史」而殉國未遂，更及時命人取出《元實錄》而存「故國史」；後者關注成化年間陸容《菽園雜記》的記載。危素不僅受明太祖鄙夷，晚年更謫守余闕廟。陳、劉二人文章段落呈現的「存史」與「失節」評價，顯示危素在元末明初的生死出處，被四百餘年士人所注意。

　　從元末明初以來，危素的相關記載雖然不算豐碩，相關生平敘述僅見《明太祖實錄》及〈新墓碑銘〉。另外，由於危素著作手稿散佚甚多，至正十五年（1355）以後的文章皆已不存，我們無法直接探析其想法。對此，吳焯猜想應與危素聲名消逝、觸諱有關。這種說法應難成立。一方面是明朝沒有系統性燬書，另一方面則需考量危素的生存時代背景。面對至元、至正年間的政局

紛擾，危素幾乎不太尖銳評論。由此看來，宋濂、歸有光對危素文章風格的評論，並非毫無憑據。

危素生平記載及其文稿匱乏的現象，反映「存史」、「失節」歷史評價，受歷代士人思想影響甚鉅。明末清初，士論重視生死抉擇，或許讚揚以身殉國，但未必批判易代之際選擇生存者。現實狀況而言，朝代開國之初，任用前朝官員者眾，殉國、遺民顯得特殊。追索危素「存史」、「失節」評價時，需注意眾多相關敘述的時代差異。

危素晚年殉國未遂常遭歷代士論抨擊，特別在「忠」觀念日趨強烈的情況下，死節更被士人重視。在此種氛圍中，亦有部分士人將危素殉國未遂，視為其存史的表現，並以此表露心跡。

何喬遠（1558-1631）《名山藏》與張岱《石匱書》（1597-1679）皆以「乞活為存史」論之，但兩者呈現的意義有所差異。何喬遠《名山藏》的撰寫動機，與萬曆國史修纂停擺有關，所以危素的傳記與史論，具有反諷明廷大案屢發、無心撰史的意味。張岱《石匱書》則是面對鼎革生死抉擇後的產物。張岱將「死」分為死忠、死孝、死義。其中，死義是「不可少此一死」。不過，擇生仍可合「義」，故有「人不得責之以必死」的情況。雖然張岱為了合「義」，物質生活匱乏，但眼見明代「二百八十二年總成一誣妄世界」，故仍欲以存「故國史」而活，就如危素在元明易代的抉擇。所以，在《石匱書》中，不僅未全面批評危素，更特意摘抄《名山藏》的史論。就此看來，危素不僅被賦予

「存史」評價，其殉國未遂又有「存國史」與「存故國史」的意義。

　　另外，地方志中，亦可見「存史」為基調的文章。康熙《含山縣志》收有戴重於崇禎二年（1629）撰成的〈危太樸墓〉，此文稱危素貶謫後自殺，並將其托夢解釋為「欲成《元史》」。崇禎十六年（1643），戴重參與纂修《和州志》，撰〈修和州志徵書啟〉。不久後，崇禎帝自縊，戴重率兵守湖州，戰況失利，絕食自殺。對於康熙《金谿縣志》纂修者王有年來說，危素殉國未遂更與其保存地方史事的情感呼應。王有年對於地方志修纂的重視，有近似「國可亡而史不可滅」的情感，批評歷代《金谿縣志》缺失。王有年認為，嘉靖《金谿縣志》纂修者將危素移出方志，其因在於「身仕二朝」，但這不能成為不立傳的理由。由此可見，康熙年間，士論聚焦危素「身仕二朝」的趨勢。

　　歷代士人亦常藉由危素晚年貶謫故事，彰顯「失節」的後果。此種論述脈絡，特別受到清高宗關注。清廷的文化統治術，在乾隆朝時，轉為強調《春秋》大義，藉由中國傳統思想與文化，籠絡漢族士人。清高宗宣示，道德學術乃治天下根本，並以宋末全節死義之士為證。基於這種想法，乾隆朝廷根據明清易代人物行為操守，編纂《欽定國史貳臣傳》、《欽定勝朝殉節諸臣錄》，藉「褒貶」昭示「有死無貳」的絕對忠君精神。另外，清高宗敕纂《四庫全書》，其目的由「稽古右文」轉向「寓禁於徵」，但書籍禁燬標準並未明確指示，是各級官員從揣摩中形

成。由於書籍龐雜，故需《四庫提要》、《欽定四庫全書簡明目錄》作為索引。讀者雖能藉此瞭解書籍要旨，但同時也接收四庫館臣的點評。

乾隆朝廷將危素貶謫故事，摘錄至《續通志・貳臣傳》，並定調為「失節」。不過，仔細追溯《續通志・貳臣傳》貶謫故事的流傳，可以發現從明成化年間到清初的漫長軌跡。特別是陳建（1497-1567）《皇明通紀》的暢銷，使危素貶謫故事流傳更深遠，影響清初谷應泰《明史紀事本末》相關段落的撰寫。

筆者認為，危素貶謫故事從《菽園雜記》、《皇明通紀》、《明史紀事本末》，到《續通志・貳臣傳》的歷程，其轉變有兩點：一、原因解釋：陸容認為「厭其自稱老臣」所致，陳建之後的記載則論「失節」。二、意義詮釋：其在《皇明通紀》中，作為明太祖「顯忠勸義」的例證，在《明史紀事本末》中不具重要性，而在《續通志・貳臣傳》中，作為獨立警示的故事，有「懲貳」意味。

然而，流傳四百餘年的危素貶謫故事，應為後人穿鑿附會。在《皇明通紀》、《明史紀事本末》及《續通志・貳臣傳》皆詳載「何不赴和州看守余闕廟去」，但余闕廟非位於和州，實則設於安慶。由此可見，比起還原史實，危素貶謫故事的意義更為重要。也因此，危素貶謫故事不再依附忠義人物的歷史敘事。

無論如何，從明代到民初的官方與士人論述，皆已將危素抽離元末明初的背景。危素仕宦的元朝，是蒙古至上的政治、爭執

變動的朝廷，[1]以及文化融合的士人圈。[2]儘管明太祖在〈諭中原檄〉中，高倡「驅逐胡虜，恢復中華」，希望引起元代士人注意，但當時士人對光復華夏無「歡欣鼓舞之情」。所謂元、明在14世紀下半葉的共生，不只元廷北遷而實未亡，更有社會文化、制度政策等各方面的犬牙交錯。透過本文研究可知，從明代到民初的士人，皆關注危素易代生死抉擇，以及入明後的動態。

　　對於明代中葉至民初四百餘年的人們來說，危素行為是申論基礎。他們觀看危素生前「被文字紀錄」的行為，依當前處境、心態擷取所需部分，抒發己見，並形成眾多不同意義的「危素」，終而凝聚「存史」與「失節」的歷史評價。

---

[1] 元朝的立法施政，一方面需以「漢法」治中國，另一方面又需確保蒙古既得利益及特權。所以，儘管元朝統一中國，卻無法完全統合成高度凝聚力的政治共同體。詳參：蕭啓慶，《元朝史新論》（台北：允晨文化，1999年），頁14-18。

[2] 元朝雖然推行「族群制度」，但各族群間並非完全隔離。實際上，自元朝正式建立（1271）以前，即有少數外族「士人化」。據蕭啓慶的定義，「士人化」是異族士人雖接受漢族士人文化，但未必放棄其本族的族群認同，甚至更有選擇性保留原有文化。詳參：蕭啓慶，《四海九州風雅同：元代多族士人圈的形成與發展》（台北：聯經出版事業股份有限公司，2012年），頁7-36。

▋ 徵引書目

一、古籍史料

（一）政書典籍

漢‧司馬遷，《史記》，北京：中華書局點校本，1959年。

漢‧鄭玄，《禮記疏》，清嘉慶二十年南昌府學重刊宋本十三經注疏本。

劉宋‧范曄，《後漢書》，北京：中華書局點校本，1965年。

宋‧司馬光，《資治通鑑》，北京：中華書局點校本，1976年。

宋‧歐陽脩，《新五代史》，北京：中華書局點校本，1974年。

宋‧鄭樵，《通志》，北京：中華書局點校本，1987年。

元‧脫脫等，《金史》，北京：中華書局點校本，1975年。

元‧脫脫等，《宋史》，北京：中華書局點校本，1977年。

《明太祖實錄》，台北：中央研究院歷史語言研究所，1966年。

《明太祖寶訓》，台北：中央研究院歷史語言研究所，1966年。

《明武宗實錄》，台北：中央研究院歷史語言研究所，1966年。

《明神宗實錄》，台北：中央研究院歷史語言研究所，1966年。

《明神宗寶訓》，台北：中央研究院歷史語言研究所，1966年。

《明熹宗實錄》，台北：中央研究院歷史語言研究所，1966年。

《明穆宗實錄》，台北：中央研究院歷史語言研究所，1966年。

明‧宋濂等，《元史》，北京：中華書局點校本，1997年。

清‧嵇璜等，《欽定續通志》，收入《景印文淵閣四庫全書》，第399

冊，台北：臺灣商務印書館，1983年，據國立故宮博物院藏本影印。

清・永瑢等，《文淵閣四庫全書總目提要》，收入《景印文淵閣四庫全
　　書》第1~4冊，台北：臺灣商務印書館，1983年，據國立故宮博物院藏
　　本影印。

清・張廷玉等，《明史》，北京：中華書局點校本，1974年。

清・不著編纂人，王鍾翰點校，《清史列傳》，北京：中華書局，1987年。

民國・趙爾巽等撰，《清史稿》，北京：中華書局點校本，1977年。

中國第一歷史檔案館編，《纂修四庫全書檔案》，上海：上海古籍出版社，
　　1997年。

（二）地方志

明・唐誥修，齊柯纂，《[萬曆]和州志》，收入《中國方志叢書》，華中
　　地方，安徽省，第641號，台北：成文出版社，1995年，據明萬曆三
　　年刊本影印。

明・李遜纂修，《[嘉靖]安慶府志》，收入《中國方志叢書》，華中地
　　方，安徽省，第632號，台北：成文出版社，1995年，據明嘉靖二十
　　三年刊本影印。

清・王有年修纂，《[康熙]金谿縣志》，收入中國科學院圖書館選編，
　　《稀見中國地方志彙刊》，第29冊，北京：中國書店，1992年，據康
　　熙二十一年刊本影印。

清・王榮陛修、梅彥騊纂，《[順治]浦城縣志》，收入中國科學院圖書館
　　選編，《稀見中國地方志彙刊》，第31冊，北京：中國書店，1992
　　年，據清順治七年刻本影印。

清・許應鑅、朱澄瀾修，謝煌纂，《[光緒]撫州府志》，收入《中國方
　　志叢書》，華中地方，江西省，第253號，台北：成文出版社，1995
　　年，據清光緒二年刻本影印。

清・楊周憲修纂，《[康熙]新建縣志》，收入《中國方志叢書》，華中地
　　方，江西省，第884號，台北：成文出版社，1995年，據清康熙十九

年刻本影印。

清‧楊文灝修，杭世馨纂，《[乾隆]金谿縣志》，收入《中國方志叢書》，華中地方，江西省，第799號，台北：成文出版社，1995年，據清乾隆十六年刻本影印。

清‧梁棟修，張大于纂，《[乾隆]含山縣志》，收入《中國方志叢書》，華中地方，安徽省，第637號，台北：成文出版社，1995年，據清乾隆十三年刊本影印。

清‧趙燦修、唐庭伯纂，《[康熙]含山縣志》，收入《中國地方志集成》，安徽府縣志輯，第6冊，南京：江蘇古籍出版社，1998年，據清康熙二十三年鈔本影印。

清‧菇金、申瑤纂，《[道光]壺關縣志》，收入《中國地方志集成》，山西府縣志輯，第35冊，南京：鳳凰出版社，2005年，據清道光十四年刻本影印。

民國‧朱之英修，舒景蘅纂，《[民國]懷寧縣志》，收入《中國方志叢書》，華中地方，安徽省，第732號，台北：成文出版社，1995年，據民國七年鉛印本影印。

民國‧徐珂，《清稗類抄》，台北：台灣商務印書館，1983年。

民國‧楊渠統修，王朝俊纂，《[民國]重修靈台志》，民國二十四年南京京華印書館承印鉛印本。

民國‧李國模纂，《大觀亭志》，收入《中國園林名勝志叢刊》，第16冊，揚州：廣陵書社，2006年，據宣統三年合肥李氏慎餘堂活字本影印。

民國‧汪兆鏞，《元廣東遺民錄》，收入中國國家圖書館古籍館編，《中國古代地方人物傳記匯編》第111冊，北京：燕山出版社，2008年。

（三）文集、筆記、小說及其他

元‧黃溍，《金華黃先生集》，北京大學圖書館藏元刻本，影像全文取自：the Internet Archive https://archive.org/details/02099888.cn（查找於2017/03/12）。

元‧貝瓊，《清江文集》收入《景印文淵閣四庫全書》，台北：臺灣商務印書館，1983年，據國立故宮博物院藏本影印。

元‧危素，《危太樸集》，收入王德毅輯，《元人文集珍本叢刊》第7冊，台北：新文豐出版公司據吳興劉承幹嘉業堂刊刻本影印，1985年。

元‧陶宗儀，《南村輟耕錄》，北京：中華書局點校本，1959年。

明‧吳樸，《龍飛紀略》，收入《四庫全書存目叢書》，史部第九冊，濟南：齊魯書社，1996年，據北京圖書館藏明嘉靖二十三年吳天祿等刻本影印。

明‧黃佐，《廣州人物傳》，收入中國國家圖書館古籍館編，《中國古代地方人物傳記匯編》，第109冊，北京：燕山出版社，2008年。

明‧何喬遠撰，商傳等點校，《名山藏》，福建：福建人民出版社，2010年。

明‧高岱，《鴻猷錄》，明嘉靖四十四年高思誠刻本。

明‧焦竑，《國朝獻徵錄》，收入周駿富輯，《明代傳記叢刊》，綜錄類第26冊，台北：明文書局，1991年。

明‧全祖望，《全祖望集匯校集注》，上海：上海古籍出版社點校本，2000年。

明‧宋濂，《宋文憲公全集‧芝園後集》，收入四部備要，第八十二冊，上海：中華書局，1989年影印本。

明‧戴重，《河村集》，收入《四庫禁燬書叢刊》，集部第11冊，北京：北京出版社，1997年，據中國科學院藏清鈔本影印。

明‧談遷著，張宗祥點校，《國榷》，北京：中華書局，1988年。

明‧張岱，《石匱書》，收入《續修四庫全書》，第318-320冊，上海：上海古籍出版社，2002年，據南京圖書館藏稿本影印。

明‧張岱著，夏咸淳輯校，《張岱詩文集》，上海：上海古籍出版社，2014年。

明‧張岱著，欒保群點校，《石匱論贊》，北京：故宮出版社，2014年。

明‧陳建著，錢茂偉點校，《皇明通紀》，北京：中華書局，2008年。

明‧陳汝錡，《甘露園短書》，收入《四庫全書存目叢書》，第87冊，台

南：莊嚴文化出版公司，1995年，影印明萬曆三十八年陳邦瞻刻清康熙六年劉愿人重修本。

明・李贄，《續藏書》，明萬曆三十九年王惟儼刻本。

明・陸容，《菽園雜記》，北京：中華書局點校本，1985年。

明・姜南，《蓉塘詩話》，收入《續修四庫全書》第1696-1697冊，上海：上海古籍出版社，2002年，據明嘉靖二十二年張氏刻本影印。

明・歸有光撰，周本淳校，《震川先生集》，上海：上海古籍出版社，2007年第二版。

清・吳焯，《繡谷亭薰習錄》，仁和吳氏雙照樓刊本。

清・王夫之撰，舒士彥點校，《讀通鑑論》，北京：中華書局，1975年。

清・王有年，《缺壺編文集》，收入《清代詩文集彙編》，第75冊，上海：上海古籍出版社，2010年，據清康熙硯山樓刻本。

清・顧炎武著，徐文珊點校，《原抄本日知錄》，台北：明倫出版社，1960年。

清・谷應泰，《明史紀事本末》，北京：中華書局點校本，1977年。

清・張庚，《國朝畫徵錄》，收入中國書畫研究資料社編，《畫史叢書》第三冊，台北：文史哲出版社重排校版，1974年。

清・法式善等撰，張偉點校，《清秘述聞三種》，北京：中華書局，1982年。

清・趙翼，《廿二史劄記》，北京：中華書局點校本，1972年。

清・錢謙益，《列朝詩集小傳》，上海：上海古籍出版社點校本，1983年。

民國・劉聲木撰，劉篤齡校，《萇楚齋隨筆・續筆・三筆・四筆・五筆》，北京：中華書局，1998年。

二、今人論著

（一）中文

1.專書

大木康著，周保雄譯，《明末江南的出版文化》，上海：上海古籍出版社，2013年。

王成勉，《氣節與變節：明末清初士人的處境與抉擇》，台北：黎明文化，2010。

王成勉主編，《明清文化新論》，台北：文津出版社，2000年。

王汎森，《權力的毛細管作用：清代的思想、學術與心態》，台北：聯經出版事業股份有限公司，2014年二版。

王明珂，《反思史學與史學反思：文本與表徵分析》，台北：允晨文化，2015年。

王明蓀，《遼金元史學與思想論稿》，台北：花木蘭文化出版社，2009年。

王德毅，《元人傳記資料索引》，台北：新文豐出版公司，1979年。

史景遷（Jonathan D. Spence）著，溫洽溢譯，《前朝夢憶：張岱的浮華與蒼涼》，台北：時報文化出版，2009年。

向燕南，《中國史學思想通史‧明代卷》，安徽：黃山書社，2002年。

朱保炯、謝沛霖編，《明清進士題名碑錄索引》，上海：上海古籍出版社，2006年。

朱鴻林編，《明太祖的治國理念及其實踐》，香港：香港中文大學出版社，2010年。

何冠彪，《生與死：明季士大夫的抉擇》，台北：聯經出版事業股份有限公司，1997年。

何冠彪，《明末清初學術思想研究》，台北：學生書局，1991年。

何冠彪，《明清人物與著述》，台北：臺灣商務印書館，1996年。

杜維運，《中國史學史（三）》，北京：商務印書館，2010年。

汪栢年，《元明之際江南的隱逸士人》，台北：花木蘭文化出版社，2016年。

孟森，《明清史論著集刊》，台北：南天書局，1987年。

林志宏，《民國乃敵國也：政治文化轉型下的清遺民》，北京：中華書局，2013年。

林慶章，《明代考據學研究》，台北：台灣學生書局，1986年再版。

林麗月，《奢儉・本末・出處──明清社會的秩序心態》，台北：新文豐出版公司，2014年。

洪麗珠，《肝膽楚越─蒙元晚期的政爭，1333-1368》，台北：花木蘭出版社，2011年。

唐惠美，《元明之際士人出處之研究─以宋濂為例》，台北：花木蘭文化出版社，2014年。

莊吉發，《清史論集（三）》，台北：文史哲出版社，1997年。

陳永明，《清代前期的政治認同與歷史書寫》，上海：上海古籍出版社，2011年。

陳寅恪，《金明館叢稿二編》，北京：三聯書店，2001年。

陳學霖，《明代人物與傳說》，香港：香港中文大學，1997年。

喬治忠，《清朝官方史學研究》，台北：文津出版社，1994年。

黃進興、杜維運編，《中國史學史論文選集》，台北：華世出版社，1976年。

楊豔秋，《明代史學探研》，北京：人民出版社，2005年。

葉高樹，《清朝前期的文化政策》，台北：稻鄉出版社，2009年二版。

臧勵龢主編，《中國人名大辭典》，上海：商務印書館，1984年二刷。

趙園，《明清之際士大夫研究》，北京：北京大學出版社，2014年6月第二版。

趙園，《想像與敘述》，北京：人民文學出版社，2009年。

蕭啟慶，《元代史新探》，台北：新文豐出版公司，1983年。

蕭啟慶，《元代的族群文化與科舉》，台北：聯經出版事業股份有限公司，

2008年。

蕭啟慶，《元代進士輯考》，台北：中央研究院歷史語言研究所，2012年。

蕭啟慶，《元朝史新論》，台北：允晨文化實業股份有限公司，1999年。

蕭啟慶，《四海九州風雅同：元代多族士人圈的形成與發展》，台北：聯經出版事業股份有限公司，2012年。

錢穆，《中國學術思想史論叢（六）》，台北：東大圖書股份有限公司，1993年。

謝國楨，《明末清初的學風》，上海：上海世紀出版集團，2006年。

謝國楨，《增訂晚明史籍考》，上海：華東師範大學，2011年。

譚其驤編，《中國歷史地圖集‧元明時期》，北京：中國地圖出版社，1982年。

2.論文

王汎森，〈清初士人的悔罪心態與消極行為——不入城、不赴講會、不結社〉，文收周質平、Willard J. Peterson編，《國史浮海開新錄：余英時教授榮退論文集》，台北：聯經出版事業股份有限公司，2002年，頁367-418。

王璦玲，〈記憶與敘事：清初劇作家之前朝意識與其易代感懷之戲劇變化〉，《中國文哲研究集刊》24，台北：2004年，頁39-103。

朱鴻林，〈明太祖對《書經》的徵引及其政治理想和治國理念〉，文收氏編，《明太祖的治國理念及其實踐》，香港：香港中文大學出版社，2010年，頁19-62。

吳智和，〈《明史紀事本末‧王振用事》校讀〉，《華岡文科學報》23，台北：1999年，頁161-199。

李琯，〈明遺民與仕清漢官之交往〉，《漢學研究》26：2，台北：2008年，頁131-162。

杜淑芬，〈《明史紀事本末‧大禮議》校讀〉，《明代研究》8，台北：2005年，頁125-167。

岡本さえ，〈弐臣論〉，《東洋文化研究所紀要》68，東京：1976年3月，
　　頁101-177。中文譯稿收於王成勉，《氣節與變節：明末清初士人的處
　　境與抉擇》，頁59-110。

林志宏，〈舊文物，新認同—《四庫全書》與民國時期的文化政治〉，
　　《中央研究院近代史研究所集刊》77，台北：2012年9月，頁61-99。

林麗月，〈故國衣冠：鼎革易服與明清之際的遺民心態〉，《臺灣師大歷
　　史學報》30（台北：2002），頁39-56。

林麗月，〈無髮何冠：明清之際網巾的隱蔽與流移〉，文收《明清史評論》
　　第一輯，上海：中華書局，2019年，頁22~30。

林麗月，〈萬髮俱齊：網巾與明代社會文化的幾個面向〉，《臺大歷史學
　　報》33（台北：2004），頁133-160

林麗月，〈讀《明史紀事本末・江陵柄政》—兼論明末清初幾種張居正傳
　　中的史論〉，《台灣師大歷史學報》24，台北：1996年，頁41-76。

林麗月，〈戀戀桑梓：明儒莫旦（1429~1510s）的鄉邦志業〉，文收朱鴻、
　　林麗月等合著，《明清政治與社會—紀念王家儉教授論集》，台北：
　　秀威，2018年，頁39~71。

邱炫煜，〈《明史紀事本末》卷十九〈開設貴州〉校讀：兼論作者的史識
　　與全書的評價〉，《明代研究通訊》2，台北：1999年，頁32。

邱炫煜，〈「明史紀事本末・平徐鴻儒・附王好賢、于弘志」校讀〉，
　　《國立僑生大學先修班學報》11，台北：2003年，頁213-241。

邱炫煜，〈「明史紀事本末・鄭芝龍受撫」校讀〉，《國立僑生大學先修
　　班學報》9，台北：2001年，頁325-349。

邱炫煜，〈谷應泰「明史紀事本末」的史源新詮〉，《簡牘學報》15，台
　　北：1993年，頁235-257。

邱炫煜，〈明末清初的蔣棻及其《明史紀事》之研究〉，《簡牘學報》16，
　　台北：1997年，頁389-407。

孫衛國，〈《皇明通紀》及其續補諸書對朝鮮之影響〉，《中國史研究》
　　2，北京：2009年，頁157-176。

徐泓，〈《明史紀事本末・開國規模》校讀—兼論其史源運用與選材標

準〉，《台大歷史學報》20，台北：1996年，頁537-615。

徐泓，〈「明史紀事本末‧嚴嵩用事」校讀：兼論其史源運用與選材標準〉，《暨大學報》1：1，南投：1997年，頁17-60+328。

陳怡行，〈《明史紀事本末‧平河北盜》校讀〉，《明代研究》6，台北：2003年，頁47-81。

傅范維，〈從〈諭中原檄〉的傳鈔看明代華夷正統觀的轉變〉，《明代研究》22，台北：2014年，頁51-76。

勞延煊，〈元明之際詩中的評論〉，文收食貨月刊委員會編，《陶希聖先生八秩榮慶論文集》，台北：食貨出版社，1979年，頁145-163。

劉紀曜，〈公與私—忠的倫理內涵〉，文收劉岱總主編，《中國文化新論‧思想篇二‧天道與人道》，台北：聯經出版事業公司，1982年，頁171-208。

劉浦江，〈元明革命的民族主義想像〉，《中國史研究》3，北京：2014年，頁79-100。

劉祥光，〈從徽州文人的隱與仕看元末明初的忠節與隱逸〉，《大陸雜誌》94：1，台北：1997年，頁32-48。

金澤中，《明清之際在野知識份子的歷史意識－以談遷《國榷》為中心－》，台北：國立臺灣師範大學歷史研究所博士論文，1989年。

廖懿姿，《元末張士誠政權與淮東、浙西社會》，新竹：國立清華大學歷史研究所碩士論文，2003年。

（二）外文

1.專書

Dardess, John W. *Conquerors and Confucians*, New York: Columbia University Press, 1973.

Jay, Jennifer W. a *Change in Dynasties: Loyalism in Thirteenth-Century China*, Washington, Western Washington University, 1992.

2.論文

Langlois, John D. "Chinese Culturalism and the Yüan Analogy: Seventeenth Century Perspectives." *Harvard Journal of Asiatic Studies*, 40:2 (December 1980), pp. 355-398.

Langlois, John D. "Political Thought in Chin-hua under Mongol Rule." in John D. Langlois, Jr. ed., *China under the Mongol Rule*. Princeton: Princeton University Press, 1981, pp. 137-185.

Mote, Frederick W. "Confucian Eremitism in the Yüan Period." in Arthur F. Wright ed., *the Confucian Persuasion*. Stanford: Stanford University Press, 1960, pp.202-240.

Wang, Gung-wu. "Feng Tao: An Essay on Confucian Loyalty." in Arthur F. Wright and Denis Twitchett eds., *Confucian Personalities*. Stanford: Stanford University Press, 1962, pp. 206-210.

史地傳記類　PC0977　國立臺灣師範大學歷史研究所專刊43

存史與失節：危素歷史評價探析

作　　者 / 莊郁麟
責任編輯 / 鄭伊庭
圖文排版 / 楊家齊
封面設計 / 劉肇昇

發 行 人 / 宋政坤
法律顧問 / 毛國樑　律師
出　　版 / 國立臺灣師範大學歷史學系、秀威資訊科技股份有限公司
印製發行 / 秀威資訊科技股份有限公司
　　　　　114台北市內湖區瑞光路76巷65號1樓
　　　　　電話：+886-2-2796-3638　傳真：+886-2-2796-1377
　　　　　http://www.showwe.com.tw
劃撥帳號 / 19563868　戶名：秀威資訊科技股份有限公司
　　　　　讀者服務信箱：service@showwe.com.tw
展售門市 / 國家書店（松江門市）
　　　　　104台北市中山區松江路209號1樓
　　　　　電話：+886-2-2518-0207　傳真：+886-2-2518-0778
網路訂購 / 秀威網路書店：https://store.showwe.tw
　　　　　國家網路書店：https://www.govbooks.com.tw

2021年7月　BOD 一版
定價：250元
版權所有　翻印必究
本書如有缺頁、破損或裝訂錯誤，請寄回更換

國家圖書館出版品預行編目

存史與失節：危素歷史評價探析 / 莊郁麟著. --
一版. -- 臺北市：秀威資訊科技股份有限公
司, 2021.07
　　面；　公分. -- (史地傳記類)
BOD版
ISBN 978-986-326-919-9(平裝)

　1. (明)危素　2. 傳記

782.861　　　　　　　　　　　110009221

讀 者 回 函 卡

感謝您購買本書，為提升服務品質，請填妥以下資料，將讀者回函卡直接寄回或傳真本公司，收到您的寶貴意見後，我們會收藏記錄及檢討，謝謝！
如您需要了解本公司最新出版書目、購書優惠或企劃活動，歡迎您上網查詢或下載相關資料：http:// www.showwe.com.tw

您購買的書名：_____

出生日期：_____年_____月_____日

學歷：□高中 (含) 以下　　□大專　　□研究所 (含) 以上

職業：□製造業　□金融業　□資訊業　□軍警　□傳播業　□自由業
　　　□服務業　□公務員　□教職　　□學生　□家管　　□其它_____

購書地點：□網路書店　□實體書店　□書展　□郵購　□贈閱　□其他

您從何得知本書的消息？

　　□網路書店　□實體書店　□網路搜尋　□電子報　□書訊　□雜誌

　　□傳播媒體　□親友推薦　□網站推薦　□部落格　□其他_____

您對本書的評價：(請填代號　1.非常滿意　2.滿意　3.尚可　4.再改進)

　　封面設計____　版面編排____　內容____　文／譯筆____　價格____

讀完書後您覺得：

　　□很有收穫　□有收穫　□收穫不多　□沒收穫

對我們的建議：_____

_____

_____

_____

11466
台北市內湖區瑞光路 76 巷 65 號 1 樓

秀威資訊科技股份有限公司　　　收

BOD 數位出版事業部

....

（請沿線對折寄回，謝謝！）

姓　　名：＿＿＿＿＿＿＿＿＿＿　年齡：＿＿＿＿＿　性別：□女　□男

郵遞區號：□□□□□

地　　址：＿＿＿＿＿＿＿＿＿＿＿＿＿＿＿＿＿＿＿＿＿＿＿

聯絡電話：(日) ＿＿＿＿＿＿＿＿＿＿＿ (夜) ＿＿＿＿＿＿＿＿＿＿＿

E - m a i l：＿＿＿＿＿＿＿＿＿＿＿＿＿＿＿＿＿＿＿＿＿＿＿